人為什麼會迷惑：因為真心沒了找不到家

曹琬倩 編著

Chapter.1

脫離人情世故羈絆，自由自在的思考

生命裡填塞的東西越少，就越能發揮潛能。
放得下，才能更好的「拿起」，理解這種轉換，
需要一種大智慧。

目錄 contents

Chapter.2

退一步自然安穩，忍一句自無憂傷

世上的事本身就很平常，沒必要讓一些小事佔據你的心。一旦我們「放下」了，那麼風吹雲過，煙消雲散，便會發覺天地原本如此澄明。

目錄 contents

Chapter.3

持平常心，參生活禪

有平常心的人，把事情看得最清楚，最透徹。大道平常，惟平常而已。參透了這種「平常」，你的人生就不平常了。

目錄 contents

Chapter.4

行到才是功夫，實施才是本源

成功、失敗掌握在自己手裡。在生活中，充分發揮自身的能動作用，奮發圖強，追求自強自立，才能保護自己。

目錄 contents

Chapter.5

學會做人了，禪性也就出來了

從悲劇與噩夢中走出的人們，在經歷了反思之後，將恢復自己本來面目，一個「本真」的自己。

目錄 contents

序言

一個小和尚問師父：「生命是什麼？」這本是一個深奧的問題，而師父卻不假思索地回答：「生命是活著的！」小和尚原以為會有一大段的解答，師父卻用簡單的六個字回答了。

躺在床上，小和尚感受著每一呼每一吸。久之，他感覺到只有呼吸而沒有了自己。他想：這個一呼一吸就是活著的，就是生命嗎？生命就是如此。我為什麼要活著，生命的實質究竟是什麼，生命的責任究竟是什麼？

一天，小和尚走進一塊濕地，沒有人工的造作和修飾。當他用目光在草叢中，在蘆葦內，在湖面上，在小島旁仔細搜尋和捕捉大自然中的每一個美點時，無意間，卻在忽起忽落的蜻蜓、運籌帷幄的螳螂、飛翔的水鳥、悠閒的魚兒、細細的蛛網、叢中的野花、微拂的細風、嫩草和蘆葦內的蟲鳴中，發現了一個事實——大自然的樸素、無私、絢麗和多彩。也許，許多人並不留意，高貴的品質在匆匆的腳步下，在浮躁的身影中湮沒了，被遺棄了。而這樸素、無私、絢麗和多彩是否是多少人付出生命而尋找的生命的終極呢？心的本源就是如此嗎？

小和尚被震撼，被感動了！他感覺到一種生命的力量和責任……

責任原本是自然的產物，天地間每一個生命都自然地履行這個責任，這樣，大地才能絢麗，宇宙才能多姿。

你是否曾想到過自己也有這樣一份責任？我們應該怎樣默默地承擔起裝扮世界、利益人間的責任呢？

責任是一種力量，只有承擔起責任時，生命才有活力！

在日常生活中，我們怎樣才能更好地承擔起自己應有的責任，生活得更加輕鬆自然呢？學習和領悟佛禪的智慧，或許對我們有所幫助。

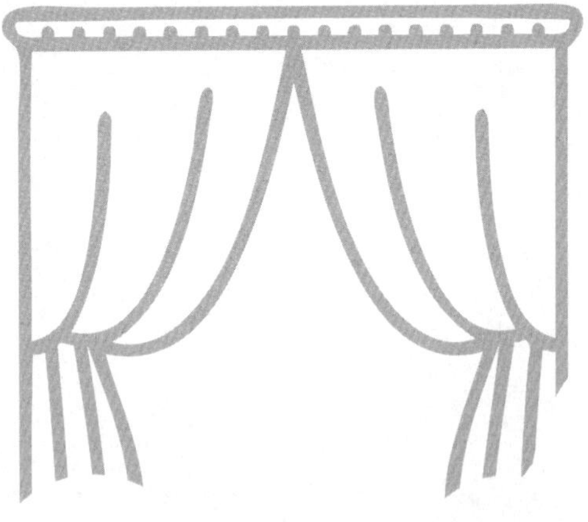

人為什麼會迷惑？

因為真心沒了找不到家

Chapter.

1

脫離人情世故羈絆，自由自在的思考

為事之道固然不可執著於一事一物，智慧凌駕於萬物之上，有此心境者必可獨超事外，千法而對一題，萬事可自悟得解。佛法就是教我們的心脫離人情世故的羈絆而去自由自在的思考。從不同的角度去理解、解決問題，也許會達到很好的效果。

01

好好活著

大熱天，禪院裡的花快被曬乾了。

「天啊，快澆點水吧！」小和尚喊著，趕緊跑去提了桶水來。

「別急！」老和尚說，「現在太陽大，一冷一熱，非死不可，等晚一點再澆。」

「該澆花了！」傍晚，禪院裡的花已經成了「梅乾菜」，老和尚才想起來澆水。

「不早澆……」小和尚嘀嘀咕咕地說，「一定已經死了，澆不活了。」

「澆吧！」老和尚吩咐道。

水澆下去沒多久，已經垂下去的花，居然全立了起來，而且生機盎然。

「師父！」小和尚喊，「它們好厲害，撐著不死。」

「胡說！」老和尚糾正，「不是撐著不死，是好好活著。」

「這有什麼不同呢？」小和尚低著頭。

「當然不同。」老和尚拍拍小和尚的頭，「我問你，我今年八十多了，我是撐著不死，還是好好活著？」

上晚課的時候，老和尚把小和尚叫到跟前：「怎麼樣？想通了嗎？」

「沒有。」小和尚還低著頭。

老和尚敲了小和尚一下：「笨吶！一天到晚怕死的人，是撐著不死；每天都向前看的人，是好好活著。」

一念之轉

「人生苦短，應該珍惜生命，朝正確的方向前進。」每個人都擁有一次生命，沒有誰的生命比別人的更尊貴，也沒有誰的生命比別人的更卑賤。問題在於並不是每個人都懂得生命的意義，懂得珍惜自己的生命。

珍惜生命的人，懂得好好活著，生命對於他來說是恩賜；畏懼生命的人，撐著不死，生命對於他們來說反而成了負擔。

02 不為外相所動

有人問瑞州道虔禪師：「開悟的人和沒有開悟的人，大家都來請教禪師，請問禪師如何教化？」

禪師反問：「你說巨大的山嶽還缺少一丁點兒泥土嗎？每個人本身都有著大智慧啊！」

那人又問：「既如此，為什麼還有人三山、五海的去參尋呢？」

禪師回答：「正是因為這些人被俗念、妄想迷失了本性，想要禪師指點迷津。」

那人又問：「還有沒有心不發狂的清醒人呢？」

禪師肯定地說：「有。」

那人又問：「什麼人不會進入狂妄之境呢？」

禪師回答：「透過智慧可以知曉種種現象，始終不為外相所動的。這種人永遠不會陷入狂妄之境！」

一念之轉

有修為的智者知道五蘊（色、受、想、行、識）皆空，可以不執著於外相。可以不陷於狂妄；但執迷不悟的凡人卻相反。外在世界紛繁複雜，很容易讓人迷失，做一個清醒的人太難了。惟其難，才更能顯示出智慧的可貴。

03 什麼是最犀利的劍

有人在祇樹給孤獨園問佛陀：「請問什麼是最犀利的劍？什麼是最劇毒的藥？」

佛陀答說：「惡口罵人是最犀利的劍，因為它最能刺傷人的心。貪心是最劇毒的藥，因為它最能敗壞一個人的意念而無藥可解。」

「世界上什麼人獲益最大？誰損失最多？」

佛說：「佈施的人獲益最大，因為上天會加倍奉還他的善行。貪心和知恩不報的人損失最多，因為不仁不義的人將永遠被人所唾棄。」

「世界上最有力量的是什麼？最令人厭惡的人是什麼？什麼東西最容易破壞友誼？」

佛說：「行善的人力量最大，因為它可以培養各種美德，而最令人厭惡的是做壞事，因為它會令人掉入墮落的深淵。同時嫉妒和自私最容易破壞人間的友誼。」

「什麼是世界上最殊勝的東西？如何才能得到？」

佛說：「福德和智慧乃是世上最殊勝的東西，因為只要兩者兼備，不僅可以使人脫離輪迴，超越三界，還可以助人離苦得樂。不過一個人必須佈施、守戒、勇猛精進，最後才能得到福德和智慧。」

一念之轉

積極的活法，是要人們活得更健康、更理智、更聰明的生存道理。

普通人與天才之間並沒有不可逾越的鴻溝，正如惠能和尚所說：「下下人有上上智。」關鍵在於，懂得智慧和美德才是最重要的東西，並在日常生活中積極去努力，去追求。

04

嚼過的蘋果不能吃

有這麼一個小和尚，他向禪師請教，怎樣才能夠學會禪師所有的智慧？

禪師笑了笑，從桌上拿起了一顆蘋果，放到嘴邊，大大的咬了一口。禪師望著小和尚，口中不斷咀嚼著蘋果，不發一言。

過了好一會兒，禪師才又張開嘴，將口中已經嚼爛的蘋果，吐在手掌當中。

禪師伸出手，將已嚼爛的蘋果拿到小和尚的面前，然後說：「來！把這些吃下去！」

小和尚驚惶的說：「師父，這……這怎麼能吃呢？」

禪師又笑了笑說：「我咀嚼過的蘋果，你當然知道不能吃；但為什麼又想要汲取我的智慧的精華呢？你難道真的不懂？所有的學習，都必須經過你本身親自去咀嚼的……」

一念之轉

悟道如人飲水，冷暖自知。領會意旨，一切自看。蘋果新鮮而甜美的滋味，是需要由你自己來品嚐與體會的。學習過程中，除了你自己，沒有任何人可以代勞。只有自己不斷反省和思考，才會成為自己寶貴的經驗。

05 一套威力無比的太極劍法

《倚天屠龍記》中有這樣一段情節：張三豐向張無忌傳授一套太極劍法，一路劍法使完，竟無一人喝彩，眾人盡皆詫異：「這等慢吞吞、軟綿綿的劍法，如何用來對敵過招？」還以為是張真人有意放慢了招式，好讓張無忌瞧個明白。

只聽張三豐問道：「孩兒，你瞧明白了沒有？」

無忌答道：「看清楚了。」

張三豐道：「都記得了沒有？」

張無忌答道：「已忘記了一小半。」

張三豐道：「好，那也難為你了。你自己去想想吧！」

張無忌低頭默想。

過了一會兒，張三豐問道：「現下怎樣了？」

張無忌道：「已忘了一大半了。」

周顛等人皆急：「剛學的劍法都忘了一大半，這該如何迎敵？」便請張三豐重新傳授一遍，張三豐微笑，再使出一路相同的劍法。

張無忌沉思一會兒，睜開眼：「我已忘得乾乾淨淨。」

眾人皆驚，惟張三豐獨喜：「忘得真快！」

隨即，張無忌拿劍迎敵，大勝。

張無忌學太極劍法，不記招式，只是細看劍招中「神在劍先，綿綿不絕」之意。看完一路劍法，已忘記了一小半。低頭默想之後，已忘記了一大半。再看張三豐演練一遍，再經沉思玩味，終於忘得乾乾淨淨。當全部忘記之時，也是學成之時，並以之力克強敵。由記得轉化為有如本能一般，終能不受原來招式所限，隨意出招自成章法。

一念之轉

人生有三境界：第一重，看山是山，看水是水。第二重，看山不是山，看水不是水。第三重，看山還是山，看水還是水。其實，人生也是一樣，無論是學武、悟道還是做人，其本質和境界都有著潛在的相似點，都要經歷一個從清醒到迷惑，再從迷惑到清醒的過程。人這個時候便會專心致志做自己應該做的事情，才能達到至真至純的境界。

06 一理通就萬事徹

以前有位居士，在一座古寺裡修行。

一段時間後，他心中生疑，懷疑自己選擇學佛這條路對不對呢？懷疑自己有沒有修行的天分？懷疑是否真有佛的境界？

他也懷疑寺裡的出家人——看他們每天似乎都很悠閒、無所事事，到底有沒有在修行、懂得多少道理？

有一天，他走出古寺，看到一頭牛被繩子綁在樹幹旁，牠想要離開，可是掙脫不了，便一直繞圈圈。

他心想，可以用這件事當題目來考一考寺裡的老師父。

他回古寺找老師父，問：「為何團團轉？」

老師父答：「因為繩未斷。」

他聽了嚇一大跳，心想：「我看到那頭牛被繩子綁住，在那邊團團轉，但是老師父沒出去，為什麼知道呢？」

老師父看到他表情驚慌，問道：「居士，什麼事讓你這麼震驚呢？是不是我答錯了？」

「不是，不是，您沒答錯。只是我所看到的，您應該沒看到啊！為什麼您能回答出來呢？」

「那你看到什麼？」

「我看到一頭牛被繩子綁在樹幹旁，沒辦法脫離、在那邊團團轉，而您沒看到，竟然能回答出來。」

老師父笑了笑，說：「你問的是『事』，我答的是『理』。一理通就萬事徹，事理皆圓融。你說的是那頭牛被繩子綁住；我答的是——你的心被『無明』這條繩子綁住，使你在煩惱中團團轉。」

居士聽了，趕快跪地求懺悔，他說：「我不該對佛法、對出家人抱著半信半疑的心態。我信佛，卻懷疑是否真有佛的境界；我信僧，卻懷疑僧的品格、智慧；我信法，卻沒有用心將法運用在日常生活中。雖然有信，但是起了疑惑，所以產生障礙，無法精進。我應該把內心這條疑惑之繩剪斷，真誠的依教奉行。」

一念之轉

一只風箏，再怎麼飛，也飛不上萬里高空，是因為被繩牽住；一匹壯碩的馬，再怎麼烈，被套上馬鞍後任由鞭抽，也是因為被繩牽住。大象在木樁旁團團轉，水牛在樹底下轉團團，也是因為被繩牽住。我們的人生，又何嘗不是經常被什麼牽住呢？只有擺脫了這種牽絆，內心無「疑」，心境明明朗朗的，看事情才能看得真切、明白。

07 為什麼找到了水卻不喝

有一天，佛陀在精舍中靜坐，有一個人愁眉苦臉的長跪在佛陀座前，等待佛陀的開示。不久，佛陀睜開眼來，問道：「你有什麼事？儘管問吧！」

「佛陀！我信了佛教以後，我的父親非常不贊成。他認為佛教的戒律太廣泛、太嚴格，哪能全部受持？不如不學好了。他這樣強詞奪理的地堅持著自己的見解，我費盡唇舌，他還是不能接受。我怕他將累劫流轉生死，墮落惡道受苦，所以祈求佛陀度化我的父親。」

佛陀說道：「你的父親是利根之人，只要你把我說的故事轉述給他聽，他必然能去邪向正，回迷向悟。」

「是什麼故事，請佛陀開示。」

於是佛陀說了這樣一個故事：

從前，有個愚人在曠野走了好幾天，滴水未進，口渴得兩眼昏花，渾身發熱，沿途尋找水源，總不可得。忽然，他看到遠處有一條河，河水清潔明淨。然而，他呆立了半天，卻不想前去取水喝。

這時候，同路的行人覺得納悶，就上前問道：「你不是口渴嗎？為什麼找到了水，反而不喝呢？」

愚人扯開嘶啞的喉嚨答道：「你有所不知，這麼多的水，我喝得完嗎？我怕我的肚子裝不下這麼多水，所以乾脆不喝算了。」

路人聽了，不禁搖頭歎息：「真是無知的人，多麼可憐呀！」

聽了這則故事以後，年輕人馬上回家告訴父親。父親聽了恍然大悟，於是便與兒子一起學佛向道。

一念之轉

弱水三千，取一瓢飲，便能解除乾渴；佛法雖有八萬四千個法門，如果能夠確實奉行一法不違，便能得到利益。

日子要一天一天地過，路要一步一步地走，事情要一件一件地做，人生就是這樣簡單，把「一」做好即可，何必為無限的時空煩惱呢？

08 兩個兄弟進裸人國

很久很久以前，有兩個兄弟各自辦了些貨物，出門去做買賣，走著走著，他們來到一個國家。這個國家被稱作「裸人國」，裸人國裡的人都不穿衣服。

弟弟說：「這兒的風俗習慣與我們完全不同，要想在這兒做好買賣，可實在不容易啊！不過俗話說，『入境隨俗』。只要我們小心謹慎、講話謙虛，照著他們的風俗習慣說話辦事，想必不會有什麼問題。」

哥哥卻說：「無論到什麼地方，禮義絕不可不講，德行絕不可不求。難道我們也要光著身子與他們往來，光著身子談生意嗎？這太傷風敗俗了。」

弟弟說：「古代不少賢人雖然在形體上有所變化，但行為卻十分正直。所謂『損身不損行』，這也是戒律所允許的。」

哥哥說：「這樣吧！你先去看看情形如何，然後派人告訴我。」

弟弟答應道：「是！」於是，他先進入了裸人國。

過了十來天，弟弟派人告訴哥哥：「一定得按當地的風俗習慣，才能辦得成事。」

哥哥生氣地叫道：「不做人，而要照著畜生的樣子行事，這難道是君子應該做的嗎？我絕不能像弟弟這樣做。」

裸人國的風俗是在每月初一、十五的晚上，大家都用麻油擦頭，用白土在身上畫上各種圖案，戴上各種裝飾品，敲擊著石頭，男男女女手拉著手，唱歌跳舞。弟弟也學著他們的樣子，與他們一起歡歌曼舞。裸人國的人們，無論是國王，還是普通百姓，都十分喜歡弟弟，關係非常融洽。國王買下弟弟帶去的全部貨物，並付給他十倍的價錢。

後來哥哥也到裸人國來了，他滿口仁義道德，指責裸人國的人這也不對，那也不好，引起國王及人民的巨大憤怒，大家把哥哥抓住，狠狠的揍了一頓，財物也都被搶走。多虧了弟弟說情，才把他放了。

兄弟兩人準備動身回國，裸人國的人，都熱情地跑來為弟弟送行，對哥哥卻是罵不絕口。哥哥心裡氣壞了，卻也無可奈何。

一念之轉

做事要靈活機動，入境隨俗，因地制宜，爭取別人的理解和接納，才能把事情辦好。如果處處以自我為中心，不顧別人的看法和感覺，就可能遭遇挫折。

09 草木也有智慧

老方丈慧光法師從山下的花市買來一枝鮮花，送給剛剛出家的小沙彌。小沙彌非常驚訝，甚至有些想不透，他對慧光法師的用意百思不得其解，就怯生生的去請教慧光法師：「您送給我的這枝花，有什麼特別的道理或寓意嗎？」

「當然有道理了，」慧光法師莞爾一笑說，「花朵是草木的智慧啊！」

小沙彌還是不明就裡，他抱著虛心好學的心態，接著問慧光法師：「草木也有智慧嗎？」

「當然有了，」慧光法師又莞爾一笑說，「草木的智慧就是它們的花朵，以及花朵散發的馨香……」

小沙彌更是一頭霧水了，他左思右想之後，小聲自語道：「沒想到法師這麼有雅興，真是妙語如詩啊！」

慧光法師臉上的笑容馬上凝固了，他靜靜地說：「你沒想到的還有很多，拿好保養好這枝花，回房參悟吧！」

小沙彌就疑慮重重地回到自己的禪房裡，一會兒拈著這枝鮮艷芬芳的花朵，一會兒又把它插到一個灌滿清水的玻璃瓶裡。心裡琢磨著：這是方丈測試自己的塵心呢？還是別有其他用意？

三天之後，那枝脫離了枝幹、根系和泥土的鮮花終於枯萎凋零了。可是，小沙彌還是想不通法師送花的奧祕所在。

他只好硬著頭皮再去向慧光法師討教。

沒等小沙彌說話，法師就開門見山的問：「你知道那枝花朵為什麼那樣鮮豔嗎？」

「因為土肥苗壯、風調雨順。」小沙彌反應靈敏的說。

慧光法師微微含首，又接著問道：「那枝鮮花呢？」

「它、它枯萎了，」小沙彌難為情的說，「其實，我對待它是很負責的，回去就把它插在了清水瓶裡……」

「既然這樣，它怎麼會枯萎得這麼快呢？」法師打斷小沙彌的話說。

「還、還不是因為它被人剪下來，脫離了枝幹和泥土嘛！」小沙彌理直氣壯的說。

「那你還有什麼不明白的呢？」法師反問道，「難道說，你對一朵花的遭遇和凋零就沒有些許的心靈觸動？就沒有一點兒思想火花？」

小沙彌沉思良久，若有所悟地說：「人的智慧就好比花朵、心靈的花朵，心靈則是思想火花的慧根，而心靈資源很大程度上取決於後天的學養和修煉……」

一念之轉

智慧是心靈的花朵，心靈是智慧的慧根。要想保持思維的敏捷性，要想開發智慧，就要保持心靈的純淨，積極思考，不斷提高自身的學識和修養。

10 同樣的水為什麼味道不同

有位老婆婆帶著蜜漿和水果出遠門，她走了一段很長的路之後，覺得口渴難耐，於是吃了一個庵摩羅果（一種香甜的水果）解渴。當時路旁正好有一戶人家，於是老婆婆又向這戶人家要一杯水。

但這戶人家的井是一口死井，裡頭的水已經發臭了，由於附近沒有其他水源，所以大家仍以這些水勉強度日。女主人從井裡舀出水來給老婆婆，老婆婆竟然覺得這水甘美無比，如同喝了稀有的甘露。

她請求女主人說：「我想以蜜漿跟你換一壺井水，你願意嗎？」

「這口井水質很不好，你為什麼要換呢？」

「但是我覺得有如甘露啊！」

在老婆婆的堅持下，女主人只好裝了一壺水和她交換蜜漿。

老婆婆把水壺背回家後，立刻又倒了一杯水來喝，可是，竟然難以下嚥。她覺得很奇怪，於是再喝第二杯，但還是一樣很難喝。她感到很疑惑，明明是同樣的水，為什麼味道不同呢？她又再倒一杯來喝，情況還是一樣。

於是，老婆婆請鄰居過來，讓他們試喝看看。鄰人看到那水黑黑濁濁的，都不敢嘗試。老婆婆就說：「本來這水真的很好喝，但拿回來後就不一樣了，真的很奇怪，請你們喝喝看吧！」鄰人勉強嘗了一口，驚訝的說：「啊！這簡直是臭水嘛！怎麼能喝？」

老婆婆覺得很納悶，仔細回想才恍然大悟，原來她向那戶人家要水喝之前，吃了「庵摩羅果」，由於水果的餘香，讓人覺得那杯水甘甜無比。找出原因之後，她很後悔用蜜漿交換了一壺臭水。

一念之轉

難得來人間一趟，又得聞佛法，若不懂得好好應用，就像帶著蜜漿卻偏偏去向人討髒水喝，那這一趟人生之路，走得多冤枉、多辛苦啊！其實，很多人在日常生活中，常會有這樣的悔憾，例如聽了很好的道理，卻不知珍惜，反而對於有污染的人我是非未明辨就接受，這就像老婆婆把蜜漿拿去換髒水一樣。

11 佛法心裡只是一句叮嚀

靈訓禪師在廬山歸宗寺參學時，有一天突然動了念頭想下山，因此向歸宗禪師辭行。歸宗禪師問道：「你要到哪裡去？」

靈訓照實回答：「回嶺中去。」

歸宗禪師關懷的說：「你在此參學十三年，今天要走，我應該為你說些佛法心要。等你整理好行李，再來找我吧！」

稍後，靈訓禪師先將整理好的行李放在門外，然後去見歸宗禪師。

歸宗禪師招呼道：「到我前面來。」

靈訓禪師依言前行，準備聆聽教誨。

歸宗禪師輕輕說道：「天氣嚴寒，途中多多珍重。」

靈訓禪師頓有所悟。

一念之轉

釋迦牟尼說：「一切有為法，如夢幻泡影，如霧又如電，應作如是觀。」說到底，一切的一切都是空幻，什麼都是空空的。

不論被告知佛法的心要與否，結果都是一樣；無論是在青樸的山中還是在山外，也沒有什麼根本的區別，一切都歸於平常才是大道，大道平常，惟平常而已。參透了這種「平常」，你的人生就不平常了。

12 就是要放下

宋朝的時候，彌勒菩薩示現的是布袋和尚。他走在路上，背著一個大布袋，旁邊的人問他：「布袋和尚，請問如何學佛？」

布袋和尚沒答話，雙手一放，布袋也跟著放在地上。

旁邊人說：「就是要放下！放下以後要怎麼辦？」布袋和尚又把布袋背起來就走了，這是說放下以後要提起。

放下什麼？放下自私自利，放下分別、執著。提起什麼？提起無緣大慈，同體大悲，提起是為佛法、為眾生。

假如學佛只有放下，那就是著空。所以，只要因緣成熟的事，我們要盡力去做；若因緣不成熟，我們也不要勉強，不然會生煩惱，別人也會生煩惱。但是如何掌控這個程度，還需要我們慢慢去揣摩、去提升，才會判斷正確。

我們常常把隨緣掛在口邊，每次遇到一些事情就說：「看佛菩薩安排，隨緣」，隨緣隨多了就變成隨便。所以，我們還是要冷靜分析、觀察因緣，只要已經成熟擺在面前的，我們一定要全力以赴才行。

「多事不如少事，少事不如無事。」這句話最重要的，就是假如是名聞利養、五欲六塵、是非人我、貪瞋癡慢的事，最好是統統放下，才能讓身心清淨。「深思者慮遠，登高者望遠，輕履者行遠。」生命裡填塞的東西越少，就越能發揮潛能。放得下，才能更好的「拿起」，理解這種轉換，需要一種大智慧。

13 對人恭敬有禮未必是善

古時候，有一位宰相叫呂文懿公，名聲非常好，受到人民的尊重。在他辭官回鄉之後，一個喝醉酒的人在他家的門口叫罵。

呂文懿公因為存心仁厚，就說：「把門關上就好了，不要跟他一般見識。」

後來過了沒有多久，聽到了一個訊息，就是這個醉漢被判了死刑。

當呂文懿公聽到這個消息，他就想起當初沒有治他的罪是錯的。假如那時把他送去官府處罰一下，可能他會有所警戒，今天就不至於會犯下這麼大的錯。所以，他存心仁厚是對的，但是因為姑息了這個醉漢，其結果反而不好。

很多讀書人去問中峰和尚：「打人罵人是不是惡？」

中峰和尚說：「不見得。」

讀書人接著又問：「那麼，對人很恭敬、很有禮貌是不是善？」

中峰和尚也說：「那也不一定。」

這些讀書人被中峰和尚的話搞糊塗了。而這些書生懂得謙卑，就請教中峰和尚。中峰和尚說：「假如他打人、罵人是因為要喚醒那個人，一巴掌要把他打醒，這個存心是善的，利益他人是善。」

中峰和尚又說：「假如他的目的是為了升官發財，為了自己的私慾，那對人的禮敬也是虛偽的，所以不是善。」

一念之轉

如果我們對於善惡都不認識，惡怎麼能斷？善怎麼能修？在複雜的生活中，分清真善與假善的確是需要一定的智慧的。

真善與假善從何處判斷？從存心。一念自私自利，縱使再有禮貌也是惡；一念利益眾人，縱使是打人罵人也是善。

14 休靜禪師入宮說法

五代後唐的莊宗信重佛教，他親自邀請休靜禪師和其他宗派的高僧入宮說法。

莊宗看到其他高僧都認真讀經，只有休靜禪師和他的弟子不讀經，就問：「禪師您為何不讀經？」

休靜用兩句詩回答：「道泰不傳天子令，時清休唱太平歌。」這話含有既已省悟成佛，不必再讀佛經的意思。

莊宗再問：「為什麼您的弟子們也不讀經？」

休靜又用兩句詩回答：「師（獅）子窟中無異獸，像王行處絕狐蹤。」意謂我禪門之中，個個是獅子、象王（佛教聖物），都是不讀經而成佛的。

莊宗又問：「那麼其他大師們為什麼都讀經呢？」

他的回答仍是兩句詩：「水母元（原）無眼，求食須賴蝦。」意思是說：海中的浮游動物水母沒有眼睛，牠求覓食物須要依賴蝦的幫助，這對那些讀佛經的高僧和高僧讀的佛經是多麼辛辣的譏刺！

慧能開創的禪宗特別標出「不立文字」，如此一來，實際上就撇開了所有佛教典籍，讓人免於皓首窮經之苦。禪師反對僧徒「尋言逐句」，陷於義理詮釋和知識見解。

一念之轉

很多的東西都是「只可意會不可言傳」的！佛的很多境界需要你自己去悟，去修心，如果什麼都依靠別人告訴你，那麼你就達不到自己修行開悟的目的了！

15 應該烤你那顆心

一個和尚遠行化緣路過一個國家。當時正值夏季，烈日當空，酷暑難耐，人就像在火爐中一樣。他準備找一個陰涼處休息一下。

忽然，他的目光被不遠處的一幅奇怪景象吸引住了。只見一塊空地上，放著五盆熊熊燃燒的炭火，五盆炭火中央蹲著一位婆羅門。他前胸後背淌滿了汗水，頭髮被焚風吹得就像冬天的草一樣又枯又黃，嘴唇也裂開了口，一副狼狽不堪的模樣。

和尚見此情景，走上前問道：「為什麼這麼熱的天你不找個陰涼處避暑，反而在太陽底下烤火？」

婆羅門伸手抹了一把額上的汗珠，答道：「我聽說烤火有助於修習苦行，所以我整天在這裡烤火，無論春夏秋冬，從不間斷。因為我一年四季都穿著破舊的衣裳，因此人們都叫我『縷褐炙』。你瞧，今天天氣特別熱，所以我更要把火燒得旺些，以求盡快修成正果。你不要耽誤我的大事，請你走開。」

和尚聽了，不禁搖頭歎道：「唉！該烤的東西你不烤，反而一味地去烤那些不該烤的東西，你這麼片面的去理解修習苦行的含義，怎麼行呢？這樣做豈不是捨本逐末嗎？」

正在咬緊牙關忍受著極端痛苦的婆羅門一聽和尚這麼不以為然的口氣，立刻火冒三丈，回過頭狠狠的說道：「那麼你說，到底什麼才是真正該烤的東西呢？」

和尚慢條斯理的說：「好吧，如果你真的想知道，那麼我就告訴你：真正該烤的東西，是你那顆充滿憤恨的心。這就好比牛拉車，如果車子不到，你應該用鞭子抽打牛，而根本不應該打車子。人的身體就好比是車子，心靈好比是牛，所以，你應該去烤你那顆心，而不是自己的身體啊！」

波羅門這才恍然大悟，慚愧地的和尚跪下身去，感謝他為自己指點迷津。

一念之轉

為了早日得道，僅僅知道下苦工夫是不夠的——佛陀反對苦行，因為苦行會消耗身體，養成消極、厭世，以致身心衰弱，而無力量消除煩惱，無法解脫。關鍵是要選擇的合適的佛法注本、修行法門和修行方式。不論做什麼，都要抓住關鍵，掌握正確的方法，僅僅是不怕苦、不怕累是不夠的。如果方向搞錯，甚至會犯了南轅北轍的錯誤，即使賣了再大的力氣，也會勞而無功。

16 世上沒有鬼神

多年以前，瑞嚴寺附近的村莊由於地理偏僻，民未開化，人們普遍信奉鬼神。

瑞嚴寺住持雲居禪師說：「妖魔鬼怪都是由心而生。行正，不怕影邪。只要自己心中無愧，就不招外鬼。」

說來也是，那些在民眾中流傳的妖魔精怪，為何不敢招惹雲居禪師呢？不是嗎？他每天處理完寺院裡的事務，夜間總要到寺外後山的一個黑漆漆的巖洞裡坐禪，途中還要經過一片茂密的松林，但他從來沒有遇到過魔鬼驚嚇。

那是一個伸手不見五指的黑夜，雲居禪師像往常一樣去坐禪。當他穿越松林之時，突然，低垂的樹枝間伸出了兩隻爪子之類的東西，抓住了雲居禪師的光頭！

天哪，這完全出乎預料的、突如其來的襲擊，足以令人魂飛膽破！然而，雲居禪師既沒有嚇得哇哇大叫救命，撒腿就跑；更沒有心驚膽顫，嚇得半死。他毫不驚惶，靜靜的站立在原地，任那東西在自己的光頭上撫摸……

他的鎮靜自若，反而將那東西嚇了一跳，急急忙忙縮了回去。雲居禪師若無其事的繼續坐禪去了。

他走遠之後，一個黑影從樹上躥下來，驚惶失措的跑回了村裡。原來，村裡的年輕人想看看雲居是否真的不怕鬼神，他們經過周密籌劃之後，由一個人夜裡潛伏在濃密的松枝上，等雲居禪師經過之時，假扮魔鬼，突然摁住他的腦袋。誰知，他們的惡作劇，對於雲居禪師竟然毫無作用。他們十分納悶：一個人在走夜路的時候，本來就有些膽顫心驚，突然之間被一個東西抱住腦袋，應該毛骨悚然才對，為什麼禪師毫不驚恐、慌亂呢？

百思不得其解，年輕人們結伴來到方丈前，想問個究竟。

一個人說道：「雲居大師，您總是說：『世上沒有鬼神。』可是，這附近一帶最近很是不太平呢！聽說，每天夜晚都有妖魔鬼怪出沒，專門吮吸人的腦漿。」

雲居禪師像他平時一樣，斷然否定說：「根本沒有那東西，所有的精怪魔境，都是人心變現，是虛假不實的幻影、幻象。」

「可是，有人說他們在走夜路時，真的被魔鬼抱住了腦袋，嚇得昏了過去。」

「老衲的光頭昨夜也曾被抱住過，但那不是魔鬼，而是有人故意裝神弄鬼。並且，老衲還知道，這是你們年輕人以惡作劇取樂，並無惡意。」

「咦，你怎麼知道得一清二楚？」

雲居禪師一笑，用手指點著他們的額頭說：「因為，只有你們年輕人的手。

才能伸縮得那麼迅捷；你們的血液循環快，所以手才那麼熱！」

幾個年輕人嚇得半晌說不出話來，他們對雲居禪師更是佩服得五體投地。

是啊，在那遭受突然驚嚇的緊急關頭，他老人家居然能從一雙手的溫度，判斷出是年輕人的手！這種定力，可說是泰山崩於前而不動心，利刃架於項而不改色。

一念之轉

「只要下定決心克服恐懼，便幾乎能克服任何恐懼。因為，請記住，除了在腦海中，恐懼無處藏身。」恐懼不僅產生於勇氣的缺乏，有時也會產生於判斷力的缺乏。一切恐懼唯心造，什麼妖魔，什麼精靈，都是自己心頭的陰影。

17 道不遠人，人自遠道

丹霞禪師年輕時飽讀五經四書，他在去京城參加科舉考試的途中，遇到一個禪者點化他：「選官何如選佛？」意思是：做官怎麼能比得上做佛呢？丹霞當下便決定拋棄仕途，學佛修道，並終於成了一代大師。

一次，一個女尼來向丹霞禪師問道，她問：「如何才是道的真諦？」丹霞禪師一語不發，用手在女尼屁股上輕輕掐了一下。

女尼的臉騰的紅了，又驚又怒的罵：「原來你心裡還有那個！」

「不是我有，是你有！」丹霞冷冷的回答，「道不遠人，人自遠道。」

一個小和尚碰巧看到這一幕，就到處嚷嚷說：「我們師父原來是個色鬼，居然當眾調戲前來求道的小尼姑！」

小和尚這麼說也算符合實事，但有位老和尚立刻訓斥道：「馬貴四條腿，人賤一張嘴。你這個小和尚懂什麼，一邊站著去！」

上晚課的時候，有人把這件事報告了禪師。禪師聽罷，倒頭就拜那個小和尚，連喊：「我佛慈悲，我佛慈悲！」

「哎喲，我不是佛祖啊！」小和尚以為丹霞瘋了，連忙大叫：「你認錯人了！」

「我沒認錯人啊，我拜的就是佛祖。是佛祖肉眼凡胎，不僅認錯別人，也認錯自己了。」

小和尚猛然醒悟了：禪師是苦口婆心啟發自己開悟啊！以後再也不能用肉眼去看事情了。

丹霞禪師為了讓小和尚開悟，居然去掐尼姑的屁股，然後跪拜小和尚，說他就是佛祖。禪宗在內部師承輩分上是非常講究的。只有丹霞禪師這份大智大勇者，才會妙用以上拜下的絕招度人開悟，真不愧是一代神僧！

一念之轉

人們生活處世，如果瞭解了並沒有一定的法則，然後才體會到：其實沒有固定的法則就是最好的法則！超凡脫俗的人，對一切事物的看法沒有固定不變的，做法也可以靈活多樣。生活需要規範，但又不可以把自己變成規範的奴隸；因為死守著規範，就不能解決新的問題。為了某種目的，善於思考，採取適當的方法，才能取得理想的預期效果。

18 用禪的智慧化解夫妻的爭執

一位禪師的寺院就在縣城裡邊，四周都是民房。平日裡，雞犬之聲相聞，佛號木魚呼應，你送一把青菜，我講一段禪經，其樂融融。

一天，新任縣太爺來訪。禪師親自陪同他禮佛，參觀。縣老爺是新科進士，飽讀孔孟，一肚子之乎之也，當然對虛無縹緲、無從掌握的禪不感興趣。言談話語中，縣太爺頗具挑戰意味的說：「孔孟之道，可以治國平天下。請問，你們終日參究的禪，有什麼用處呢？」

禪師微微一笑說：「禪可以純潔、滋潤人的心靈，使人們的生活充滿了慈悲與智慧。」

這時，寺院左近的人家傳來一陣激烈的爭吵聲。不用問也知道，是一對夫妻在吵架。俗話說，清官難斷家務事。縣官靈機一動，對禪師說：「禪師，你們佛門中人慈悲為懷，你何不去用禪的智慧去化解這對夫妻的爭執呢？」

說完，縣官得意的盯著禪師，準備欣賞他進退維谷的窘態。

誰知，禪師不慌不忙，胸有成竹的攜起縣官的手說：「走吧，我們一同去看看。」

他們來到街上，走到傳出吵鬧聲的那家大門口，裡邊激戰正酣——

「人家哪個丈夫像你這樣沒出息？也不撒泡尿照照，看你還像個男人嗎？」

「妳再罵，妳再罵我就揍妳！」

禪師站立在那家的大門口，對來往的行人說：「大家快來看哪！平時你們看鬥牛、鬥雞，要買門票，連參觀鬥蛐蛐，都要收錢。現在，這裡面正在鬥人呢！免費觀看，不用收錢。」

丈夫聽到和尚的吆喝，不願意再當眾出醜，低聲威脅妻子：「不許再鬧了，省得丟人現眼！若再吵鬧，看我不弄死妳！」

禪師高聲叫喊：「快呀，越來越精彩了，現在要表演殺人啦！這可是千載難逢、難得一見啊！」

外邊的路人說：「和尚，你在這裡亂叫什麼？人家夫妻吵架，與你一個出家人有什麼關係？」

「嘻嘻，」禪師笑著說，「怎麼會與我無關呢？你沒聽見裡面說要殺人嗎？只要死了人？就會請和尚唸經，作法事超度亡靈。和尚我就有銀子賺了！」

縣官一捽袖子，氣憤的說：「豈有此理，你為了銀子，竟然希望人家死人！」

大門裡面的妻子也怪嫌的說道：「師父，咱們是鄰居，夫妻之間生氣拌嘴，你不勸解也就算了，怎麼反而來看熱鬧，說風涼話呢？」

禪師說：「我怎麼是來看熱鬧的呢？我有正事要辦呀。你想，咱們是多年的老鄰居，平時都是你們供養我。而我一無所長，只會唸經作法事。所以，不管是妳被丈夫打死，還是妳丈夫被妳氣得上了吊，和尚我都要來作一場超度呀。請問，你倆誰先預定啊？」

妻子撲哧一聲笑了出來：「師父，超度亡靈，有自己預定的嗎？」

丈夫也說：「誰說我要打死她啦？我捨得嗎？是你聽錯了吧？」

禪師轉向縣官：「你看，人家夫妻好著呢，怎麼會打架呢？是你聽錯了吧？」

一念之轉

只要你擁有了靈活的思維，生命中的煩惱、生活裡的困頓，都會隨風而逝。面對困難，只要能不執一念，你就會靈感大發。我們在生活中應該活用腦筋，不拘泥於一途，學會多角度解決問題。這樣，你生活的道路才會越來越寬廣。

19 法寶的妙用

弟子快要學成下山的時候，師父給他出了一系列難題。

他要讓弟子經過九九八十一關的艱難考驗。

上路前，他給了弟子一個法寶，告訴他：「這個法寶用處特別大，走到哪裡都要帶上，它可以保佑你逢凶化吉、遇難呈祥。」

弟子恭敬地謝過師父，然後下山出發了。

這個法寶果然名不虛傳。

多虧了它，他得以安全渡過大河，順利越過沙漠，他還靠它戰勝了嚴寒，打敗了酷暑。

用這法寶，弟子順利度過了前面的八十個難關。

第八十一關是一座險峻的大山，弟子希望這個法寶能給他一身輕功，讓他輕鬆爬到山頂。

起初法寶似乎還有用。

但是爬到半山腰，他遇到一個懸崖，這懸崖比他高幾頭，無論他怎樣使勁都爬上不去，有幾次差點要上去了，但是由於身上的法寶太沉重，反而妨礙了他行動。

整整三天三夜，他都在懸崖下面徘徊，心中不由對師父產生了懷疑。

正在這時，師父出現了。

師父問他有何難處。弟子說，法寶不靈了。

師父笑說：「看來你還沒有完全學會我的奧妙啊！法寶法寶，能大能小。就說今天吧，你為什麼不用它當墊腳石，卻把它當包袱背呢？」

一念之轉

對任何知識或事物的運用，靈活是最重要的。用不好的法寶，就會成為包袱。在任何時候，我們都要活用腦筋，充分利用一切可以利用的資源；而不要讓它們成為我們前進途中的障礙。

20 去掉毒樹的根

在捨衛國的只樹給孤獨園中，有一株枝葉蒼翠，茂密的壯碩大樹。它有著寬廣的樹蔭，枝幹搖曳生姿，來園中遊憩的人們都喜歡在這棵大樹下休息或乘涼。

但奇怪的事情發生了，凡是在這棵樹下停留過的人們，不是頭痛的厲害，就是腰痛難耐。

起初，大家以為只是偶發的事件，直到有一次，一群人在樹下欣賞美景的時候，竟然一個一個的倒地，看守園林的園丁不由得心生懷疑：「莫非這是棵有毒的樹？」

園丁怕驚嚇到附近的人，打算悄悄的砍掉樹幹。他用一根木棍綁上斧刀，自己站得遠遠的砍伐。

可是隔不了多久，這棵樹又生出新枝綠葉，不但樹葉比先前更為嫩綠，枝幹也愈加地盎然，堅實，在園林之中，已沒有一棵樹比它更挺拔，壯麗的了。

所以，來園林的遊客，有些人看到告示，會遠遠的欣賞樹影搖曳生姿的美；但是，有些遊客卻禁不起它雄偉壯麗與搖曳多姿的誘惑，完全不理會任何的警告，恣意的在毒樹下乘涼，嬉戲，結果，他們都像先前那些人一樣的感到身體不適，乃至喪命！

看守園林的園丁更加確信，這是棵害人的毒樹，他決心要除去這棵樹。無奈，他經年累月一段段的砍，不停的砍，樹仍然不斷的抽芽，生枝，不斷的展現出各樣的勝妙樹形。當然，也陸續有人因為貪圖樹蔭而遭逢危難。

園丁相當的焦急，心想：「怎麼辦？怎麼辦？怎麼樣才能除掉這棵害人的毒樹啊？」他一籌莫展，只要一有空，就不停的揮動斧刀——砍！砍！砍！希望不要再有人受到毒害。

烈日當頭的一天，園丁正煩腦著……

這時，走來了一位智者，說道：「連根拔起！」

智者的一句話，總算讓園丁恍然大悟：原來，自己一直在枝枝葉葉上努力，忙的都只是枝末之事，難怪會徒勞無功，應該從根本下手，去掉毒樹的根，它就沒辦法再生枝長葉了！

一念之轉

「人類煩惱的根源是什麼？是無始以來伴隨著我們的無明，和由此產生的種種不健康因素：如貪心、嗔恨心、愚癡、我慢等等。所以我們要從佛法入手，透過勤修戒定慧，來熄滅貪嗔癡，從根本上剷除一切煩惱的根源。」在日常生活中遇到問題的時候，靠「揚湯止沸」，解決不了任何問題，必須要有「釜底抽薪」的智慧。

21 最初買回來的紙就行

一天，居住在山科地藏寺的盤珪禪師吩咐他的侍者上京買一批上等的紙材。這位侍者向來被稱許具有「子貢之資質」，可見是個相當聰敏伶俐之人。眾所周知，子貢是孔子門下七十二賢人之一，不僅才智聰敏，而且擅於辯才，也擅於理財之道。禪師差遣這位「資質堪比子貢」的侍者去買紙，原因也就在此。

當然，侍者不敢掉以輕心，終於在千挑萬選之後風塵僕僕的帶了一批紙回來。不料，當禪師看過紙以後卻說：「這個不行！」

禪師毫不留情的拒絕了，侍者只好再度上京去買另一種紙。

「這個也不行！」禪師看了第二次買回來的紙，很冷淡的說道。

結果，侍者只得硬著頭皮再度上京。從山科到京都距離相當遙遠，而當時又沒有便利的交通工具，所以數度往返的確是件苦差事。僅是買個紙，就要弟子再三飽受旅途勞頓之苦，又不知道師父要的是什麼樣的紙……

當侍者第三次將紙買回來以後，禪師依然還是冷冷的說：「不行！」

弟子心想：「真是一點也不體諒弟子的勞苦啊！」

但弟子隨後一想，才猛然發覺自己的過失，趕緊向師父道歉。

「明白了吧？……嗯，其實最初買回來的紙就行了。」禪師如是說。

一念之轉

禪宗有很多故事，都是講要反抗老師，反抗權威，自己才能找到禪的真諦。修心，要有自己的主見，不能盲從。在為人處世中，不要拘囿於權威和成見，要堅持獨立思考。因為只有進行獨立思考的人，才能真正實現自我，在世界上佔有一席之地。

22 去靈山朝聖的兩位僧人

有師徒兩位僧人，從很遠的地方去靈山朝聖。一路上一邊乞食一邊趕路，日夜兼程，不敢稍有停息。因為在行前，他們發了誓願，要在佛誕日那天趕到聖地。作為僧人，最重要的就是守信、虔誠、不妄語，何況是對佛陀發的誓願呢！

但在穿越一片沙漠時，年輕的弟子卻病倒了。這時離佛誕日已經很近，而他們距靈山的路還很遠。

為了完成誓願，師父開始攙扶著弟子走，後來又背著弟子走。但這樣一來，行進的速度就慢了許多，三天只能走完原來一天的路程。

到了第五天，弟子已經氣息奄奄，快不行了，他一邊流淚一邊央求師父：「師父啊，弟子罪孽深重，無法完成向佛陀發下的誓願了，並且還連累了您，請您獨自走吧！不要再管弟子，日程要緊。」

師父憐愛的看著弟子，又將他背到背上，邊艱難的向前行走邊說：「徒兒啊，朝聖是我們的誓願，靈山是我們的目標。既然已經上路，已經在走，靈山就在心中，佛陀就在眼前了。佛絕不會責怪虔誠的人，讓我們能走多遠走多遠吧……」

一念之轉

其實每個人都是朝聖者，都有自己的目標和誓願，由於各種客觀和主觀的原因，並非每個人都能達到目標和實現誓願，儘管每個人的目標和誓願都不相同。其實只要你上了路，向目標靠近，你就已經變得有智慧、有力量了。關鍵是你要整裝上路，要向前走！能走多遠就走多遠……

23 一個又老又醜又殘疾的女人

以前，有一個又老又醜又生病的女人。在她還沒有出家以前，丈夫每天打她，後來丈夫死了，留下四個孩子，都是她一手撫養長大的。

年歲大了之後，她沒有能力賺錢，難以維持生活，就去投靠她的兒子，沒想到兒子不孝順，一天到晚責罵她。

她的心裡很難過，因此對上蒼充滿著抱怨：「為什麼我的命這麼苦？」後來又去投靠她的女兒，女兒開始還很照顧，後來就不耐煩了。女兒說：「我自己也有孩子要養。」於是，就把她趕了出去。這樣一來，她的內心就更加痛苦。

她在外面吃了上頓沒下頓，又摔斷了腿，變成了殘廢。她想到，據說有一個世尊很慈悲，祂那邊有長生不老的藥，叫做般若正念智慧，一得到這種般若正念的智慧，就會長生不老，就不會死亡。她決定去試試看。

於是，她來到一個精舍要求出家。精舍裡的人一看，又老又醜又殘廢，收下來要怎麼照顧她呢？因此，不給她剃度。她就在外面哭，心想，在家兒子不孝順，女兒把她趕出去；要跟著世尊出家，又沒人收留她，她非常悲傷，越想越難過。

她又去了好幾個精舍，但都沒人收留她。她跟精舍的人講：「我一定遵守這裡的戒規，我一定精進修行。」可是沒有人相信，因為她太老了，而且又殘廢。

最後，終於有一位精舍負責人說：「好吧，就給妳一次機會吧！」這個女人非常歡喜，就剃度出家。

剃度出家以後，她一直很努力，每天非常精進。她常常感慨道：「我沒有辦法到森林裡面修行，我只能扶著牆壁走路。」因為殘廢，她就扶著牆壁沿路觀照，觀照世間的剎那變化、無常。憑著一定要證阿羅漢果的堅定信念，在別人睡覺、休息的時候，她仍然扶著牆壁一直觀照，沒辦法打坐就坐在石頭上觀照。後來，憑著無比堅定的意志力，她兩個星期就得道了。

一念之轉

如果全面的讀那些高僧們的傳記，就會瞭解，他們那個「頓悟」，也不是來得容易的，大抵都有著九死一生的前奏，都是付出了艱辛努力和汗水的，「沒有一番寒徹骨，哪來梅花撲鼻香？」不是你去駕馭生活，就是讓生活駕馭你。任何外在的困難都阻止不了內心的堅定，只要想做，並不屈不撓的實踐，總能得到想要的結果。

24 明知不可留，又何必強求

從前有個小和尚很喜歡夕陽落山的景色，天天爬上山頂去觀看。

這天，他看著看著忽然哭了起來。一個老和尚問他為什麼哭。小和尚說：「夕陽落山的景色實在太美了，可是不管怎樣，我都不能把它留下。」

老和尚聽了哈哈大笑起來。他說：「太陽每天都會升起落下，明知不可留，那又何必強求呢？」

是啊，明知不可留，又何必強求呢？

一念之轉

白居易有一首詩說得很好：「蝸牛角上爭何事？螢火光中寄此身。隨富隨貧且歡樂，不開口笑是癡人」。人生於世，得不到的太多太多，若執意為之，便有違天道，雖「咫尺亦千里」了，凡事莫如隨意隨緣也隨意的好。這樣，痛苦或許會少些。

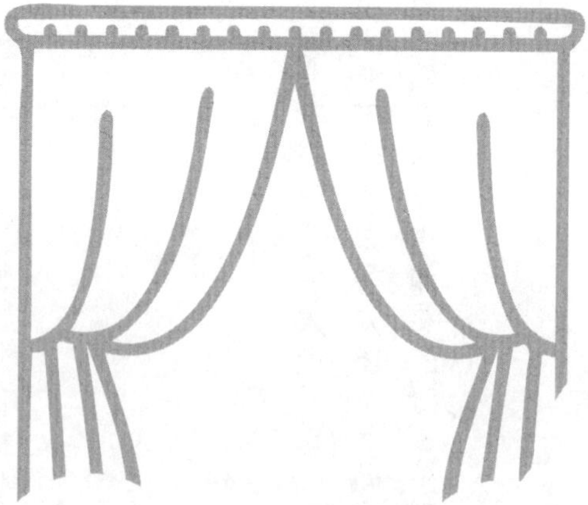

人為什麼會**迷惑**？

因為**真心沒了**找不到家

Chapter.

2

退一步自然安穩，忍一句自無憂傷

禪，修心自我，福慧他人；禪，簡單隨意，隨情任性；禪，生活清靜，平常平等。只要你有心有情有意有愛，便可達到「身在萬物中，心在萬物上」的純美境界。佛法引導我們通悉人生真義，對人生充滿幸福感，讓自己溶入宇宙中，用一種自然輕鬆，自由自在的態度來生活。我們每一個人都能製造幸福、和平，能與眾生相愛、相容，相幫、相助，和諧共處。

01 為何提一盞燈籠

在一個漆黑的夜晚，遠行尋佛的苦行僧走到了一個荒僻的村落中，漆黑的街道上，村民們絡繹不絕的默默前行。

苦行僧轉過一條巷道，他看見有一團昏黃的燈光從巷道深處靜靜的照過來。身旁的一位村民說：「瞎子過來了。」「瞎子？」苦行僧愣了，他問身旁的一位村民，「那提著燈籠的真是一位盲人嗎？」

他得到的答案是肯定的。苦行僧百思不得其解——一個雙目失明的人，他根本就沒有白天和黑夜的概念，他看不到高山流水，也看不到柳綠桃紅，他甚至不知道燈光是什麼樣子的，他提一盞燈籠豈不讓人覺得可笑？

那燈籠漸漸近了，昏黃的燈光漸漸從深巷移游到了僧人的鞋上。僧人便問：「敢問施主真的是一位盲者嗎？」那挑燈籠的盲人告訴他：「是的，自從踏進這個世界，我就雙目失明。」

僧人問：「既然你什麼也看不見，那你為何要提著一盞燈籠呢？」盲者說：「現在是黑夜，我聽說在黑夜裡沒有燈光的映照，那麼全世界的人都和我一樣是盲人，所以我就點燃了一盞燈籠。」

僧人若有所悟的說：「原來你是為了照明別人？」但那盲人卻說：「不，我是為了自己。」

「為你自己？」僧人又愣了。

盲者緩緩向僧人說：「你是否因為夜色漆黑而被其他行人碰撞過？」

僧人說：「是的，就在剛才，還因不留心被兩個人撞了一下。」

盲人聽了，深沉的說：「但我就沒有。雖說我是盲人，我什麼也看不見，但我提了這盞燈籠，既為別人照亮了路，更讓別人看到了我自己，這樣，他們就不會因為看不見而撞到我了。」

苦行僧聽了，頓有所悟。他仰天長歎，說：「我天涯海角奔波著找佛，沒有想到佛就在我的身邊，原來佛性就像一盞燈，只要我點燃了它，即使我看不見佛，但佛卻會看到我的。」

很多人在抱怨為別人大開方便之門，自己卻一點利益都沒有，但這不能成為藉口，試想如果人人都大開方便之門，那麼怎能說對你沒有一點益處？為別人點燃我們自己的生命之燈吧，這樣，在生命的夜色裡，我們才能尋找到自己的平安和幸福。

一念之轉

每一個高尚的人都有責任點亮屬於自己的那一盞生命之燈，既照亮了別人，更照亮了你自己；只有先照亮別人，才能夠照亮我們自己。一個人在給予別人方便的同時，也就給予了自己方便；在你給予別人寬容和愛的同時，你也會得到寬容和愛的。

為別人點燃我們自己生命中這盞佛性的燈吧，這樣在人生的夜色裡，我們才能尋找到自己的平安和光明！

02

石頭本來就在原地

寺院裡的一個小沙彌在化緣的時候，和一個農婦吵了起來，最後發展到動手打人，他扯破了農婦的衣衫，農婦抓破了他的臉。後被趕來的其他和尚勸開，並把小沙彌送回寺院。

老法師瞭解情況後，對小沙彌一句教訓的話也沒有，就張羅著在供品裡為那農婦尋找布匹，並親自帶著小沙彌去給農婦賠禮道歉、送布匹。

當然，面對專程來賠不是的師徒二人，農婦也變得知情達理了，她還在老法師面前說都怪她自己，她不該嘲笑辱罵前來化緣的小沙彌的……

回來的時候，天已經黑了。在半路的山坡上，老法師被一塊石頭絆倒了，腿上也摔出了血。小沙彌扶起法師後，狠狠的朝地上的石塊踢了幾腳，還想拿起來摔它。老法師連念阿彌陀佛，對小沙彌說：「石頭本來就在原地，它又沒動；是我不小心踩到它的，一點也不怪它啊，這次磕絆是我自找的，理應向石頭道歉的……」

小和尚愣怔了一陣，終於明白了師父的開導，自責而歉疚的說：「對不起，師父，是我錯了，今後一定注重個人修養，學會尊重他人、感化他人，不再犯錯或少犯錯。」

一念之轉

每天要自我觀照一下，尤其是反省自己在身體行為、語言及思想方面是否有所過失，盡量多去理解和尊重他人。只要我們能給予他人多一些理解，多一些幫助，多一些關懷，少一些責備，少一些埋怨，那麼，我們每一天，每一時都會生活在和諧的社會裡。

03 馬祖禪師和獵人

唐朝時在江西有一位獵人，他非常喜歡打獵，但卻厭惡出家人。

有一次，他追趕一隻小鹿，小鹿為了逃命，慌不擇路，竟然跑到了馬祖道一禪師的禪院裡。獵人直奔禪院而來。正好碰到馬祖禪師在寺院門口，那人下馬問馬祖道一禪師：「師父，有沒有看見一隻小鹿從這裡經過？」

馬祖道一禪師反問：「你是什麼人？為何追一隻小鹿？」

那人回答：「我是獵人。」

馬祖禪師一聽來了興趣，接著又問：「那你一定懂得箭術？」

獵人很自豪的回答：「當然懂得。」

「那你一箭能射中幾隻鹿？」馬祖問。

那人回答說：「一箭就射一隻。」

馬祖禪師說：「那你不懂得射箭術！」

那人愣了，有些莫名其妙，不服氣的問道：「難道大師也懂得射箭術？」

馬祖道一禪師反問他：「你不相信嗎？」

「不敢，不敢。」那人有些納悶，「請問大師一箭射幾隻鹿？」

馬祖道一禪師平靜的回答：「我一箭能射一群。」

那人有些驚訝：「牠們都有生命，大師何必非要一箭射一群呢？」

馬祖道一禪師反問道：「射一隻是射，射一群也是射。都有生命，有什麼不同呢？」獵人無言以對。

馬祖禪師接著說道：「你既然知道牠們都是有生命的，你為什麼只知道射牠，而不自己射自己呢？」

獵人聽後不禁出了一身冷汗，誠惶誠恐的說：「大師叫我自己射自己，我怎麼下得了手呢？」

馬祖禪師說：「你已被困惑很久，今天是該覺悟的時候了。」

獵人聽後，立即丟弓折箭，拔刀削髮，跪在馬祖道一禪師面前，皈依佛門。

一念之轉

善待每個人每件事，都要出於公心平等心，這是一種美德，也是一種智慧。在生活中，我們要尊重別人，更要學會全面的看問題。不能只見一面，不及全部。只有全面的看待世間萬物，從整體上掌握整個事物，才算是擁有真正的智慧。

04
只不過是一句話

仰山和尚是溈山禪師的學生。

有一年，師徒兩個一年沒見了，彼此都十分掛念，等到見面時，溈山禪師向仰山問道：「這一年你都做了些什麼事？」

仰山說：「我開了一片荒地，然後種了一些莊稼和蔬菜，每天挑水澆地，鋤草除蟲，收成很好。」

溈山禪師讚許的說：「你這一年過得很充實呀！」

仰山和尚便問：「老師，您這一年都做了什麼事？」

溈山笑著答道：「我過了白天就過晚上。」

仰山隨意說道：「你這一年也過得很充實呀！」剛說完，就覺得自己這樣說有欠妥當，話語中似乎帶著諷刺的意味，於是漲紅了臉，情不自禁的咂了咂舌頭，心想：這樣說，老師一定以為在取笑他，這樣說實在是太不應該了！

他的這一窘態早就被溈山禪師看破了。就在仰山盤算如何補救的時候，溈山禪師責備他說：「只不過是一句話，你為什麼要看得那麼嚴重呢？」

仰山仔細一想，明白了老師的用意：「偶然的小疏忽，或無意的小過失，只要不是存心那樣做的，如果也沒有造成什麼嚴重的後果，那就隨它去吧，沒有必要老是把它放在心裡。」

想到這裡，仰山便對老師說：「我們開始上課吧！」老師讚許的點了點頭。

一念之轉

世上的事本身就很平常，沒必要讓一些小事佔據你的心。有些瑣碎的小事本身並不嚴重，人家也許根本沒放在心上，苦的倒是「疑心生暗鬼」式的自我折磨。一旦我們自己「放下」了，那麼風吹雲過，煙消雲散，便會發覺天地原本如此澄明，一切原來如此了無罣礙，為什麼要讓自己背著沉重的包袱呢？

05 飢餓不堪的兩個人和兩碗麵

一位遠途而來、飢餓不堪的官吏與一位幾日未餐的得道高僧一同用飯，桌子上擺著一大一小兩碗麵。

官吏將大碗的推到高僧面前，以示敬重。而這位高僧毫不客氣很快的將這碗麵吃完。官吏又將小碗推過去說：「師父，您如果沒有吃飽，就將這碗也吃了吧！」高僧毫不猶豫的又把這碗吃下。

此時餓極的官吏很不悅，呵斥道：「你既是得道高僧，看來實為圖有虛名，連起碼的謙讓禮貌都不懂得。你餓，我也是很餓。你非但不替人解難，反而加難於人，談何得道？出家人慈悲為懷，你又何以普度眾生？」

高僧緩緩的道：「先前你推讓大碗的給我，而我原本就是願吃大碗的。我若再推向於你，這非我的本願，我何必要去那樣做呢？後你又將小碗的讓給我吃，而我的本願也是想再吃下這個小碗的，所以我也沒有推辭。而你兩次對我的謙讓，是出於你的真心嗎？」官吏頓時大悟，謝過高僧的教誨。

一念之轉

寵辱不驚，得失無意，凡事只要自然就好，不需要更多的外在的形式。這樣可以獲得身心的自然安寧、愜意、舒適與安逸，幸福的生活也會隨之而來。

順其自然，往往是最好的處世方式。禮儀是一種形式，而拘泥於禮儀的形式不過是虛假的表現。坦率真誠才是做人的真諦。當然，謙讓並不是壞事。對別人的謙讓，不必苛求回報，達此境界者，方得解脫於此煩惱。

06 四個修道的和尚

從前，有四個和尚，參加了禪宗的「不說話修煉」。在修煉的過程中，必須點燈；而四個人中，有三個和尚道行較高，其中一個較淺，自然點燈的工作落在道行較淺的和尚身上。

「不說話」的修煉開始之後，四個人圍著那盞燈盤腿而坐，進行修煉。

經過了好久，四個人都靜靜的不做聲，因為這是不說話修煉。後來，油燈中的煤油愈燃愈少，眼看就要沒有油了！快要熄掉，管燈和尚非常著急。這時，突然來了一陣風，燈火左搖右晃，幾乎要熄滅了。管燈的和尚忍不住大叫：「糟糕！火快熄了！」

本來其他三個閉目打坐的和尚，始終沒有說話，聽到管燈和尚的喊叫聲，道行在他上面的第二個和尚立刻罵他說：「你叫什麼？我們在做不說話的修煉，怎能開口說話？」

第三個和尚聽了之後非常生氣，罵第二個和尚說：「你不也說話了嗎？實在不像話。」

第四個道行最高的和尚，始終默不出聲的安然靜坐。可是過了一會兒，他睜開了眼睛，很自豪的對其他三個和尚說：「只有我沒有說話！」

這四個參加不說話修煉的和尚，為了一盞燈，先後都開口說話了，最好笑的是有三個得道的和尚在指責別人「說話」的時候，不知不覺中，自己也犯下了「說話」的錯誤。

一念之轉

四川樂山凌雲寺內一副對聯則又有所不同：

笑古笑今，笑東笑西，笑南笑北，笑來笑去，笑自己原來無知無識。

觀事觀物，觀天觀地，觀日觀月，觀來觀去，觀他人總是有高有低。

這副對聯強調的是嚴於責己，寬以待人；對己要時時處處看到自己的無知無識，對人要盡量找出別人的長處。在我們和別人相處的過程中，每個人都很容易看到別人的缺點和過失。提醒別人時往往很容易，但能作到時刻自己清醒卻很難。如果我們反過來，盡量「嚴以律己，寬以待人」，生活就會和諧很多。

07 他們也會喜歡你的

一位老人坐在一個小城鎮邊的公路旁。一位陌生人開車來到他的身邊，把車停下來，向他問道：「老人家，請問這是什麼鎮？住在這裡的居民屬於哪種類型？我正想決定是否搬到這裡居住。」

老人抬頭望了一下這位陌生人，反問到：「你剛離開的那個小鎮上住的人，是屬哪一類的人呢？」

陌生人回答說：「住的都是些不三不四的人。我們住在那兒感到很不愉快，因此打算搬到這兒來居住。」

這位老人說道：「先生，恐怕你會感到失望了，因為我們鎮上的人跟他們完全一樣。」

過了不久，又有另一位陌生人向老人打聽同樣的情況，老人又反問他同樣的問題。這位陌生人回答說：「啊，住在那兒的人都十分友好，我的家人在那兒度過了一段美好的時光，但我正在尋找一個比我以前居住地方更有發展機會的城鎮，因此我們搬出來了，儘管我們還很留戀以前那個地方。」

老人說道：「年輕人，你很幸運。在這裡居住的人都是跟你差不多的人，相信你會喜歡他們，他們也會喜歡你的。」

一念之轉

在生活中，我們為何不以一種更為積極、達觀、寬容、和善、友愛、健康的心態去看待人間諸事？為何不多欣賞一下別人，多給別人支持和鼓勵，多為別人拍拍手，喝幾聲彩呢？每個人都有自身的弱點抑或缺欠，我們要學會正視它們的存在，求大同，存小異，伸出熱情的雙手幫助他們渡達理想的彼岸。這樣，不僅成全了別人，而且還由此獲得了生活中、事業上的知己，我們何樂而不為呢？

08 有些事並不像它看上去那樣

兩個雲遊的僧人到一個富有的家庭借宿。這家人對他們並不友好，並且拒絕讓他們在舒適的客人臥室過夜，而是在冰冷的地下室給他們找了一個角落。當他們鋪床時，較老的和尚發現牆上有一個洞，就順手把它修補好了。年輕的和尚問為什麼，老和尚答道：「有些事並不像它看上去那樣。」

第二晚，兩人又到了一個非常貧窮的農家借宿。主人夫婦倆對他們非常熱情，把僅有的一點點食物拿出來款待客人，然後又讓出自己的床鋪給兩個和尚。第二天一早，兩個和尚發現農夫和他的妻子在哭泣，他們唯一的生活來源——一頭乳牛死了。

年輕的和尚非常憤怒，他質問老和尚為什麼會這樣：第一個家庭什麼都有，老天還幫助他們修補牆洞；第二個家庭儘管如此貧窮還是熱情款待客人，而老天卻沒有阻止乳牛的死亡！

「有些事並不像它看上去那樣。」老和尚答道，「當我們在地下室過夜時，我從牆洞看到牆裡面堆滿了金塊。因為主人被貪慾所迷惑，不願意分享他的財富，所以我把牆洞填上了。昨天晚上，死神來召喚農夫的妻子，我讓乳牛代替了她。所以，有些事並不像它看上去那樣。」

一念之轉

當我們要對一個人或者一事件做出判斷和結論時，要擦亮眼睛，努力全面瞭解事情的真相，千萬不要被表面的現象所迷惑，更不能單憑自己的想當然，一時的衝動，妄下結論，否則就容易因誤解而和別人產生衝突和隔閡。

09 真正的大師風範

有一天晚上，鏡虛禪師帶一個女人回到房中後，就關起房門，在房裡同居同食。徒弟滿空深怕大眾知道這事，一直把守門外，逢到有人找師父鏡虛禪師時，就以「禪師在休息」的話來擋駕。

但滿空心想，這樣下去也不是辦法，就鼓氣勇氣去找師父。才進門口，竟然看到一個長髮披肩的女人躺在床上，身段苗條，細白的背是如此的美妙，並且還親見師父很自然的在她身上摸著。

徒弟一見，非常衝動，再也無法忍耐，向前一步，大聲問道：「師父啊！您這樣做還能算是大師風範嗎？您怎樣對得起十方大眾呢？」

鏡虛禪師一點也不動氣，輕言慢語的說道：「我怎麼不可為大眾楷模了呢？」

弟子滿空用手指著床上的女人，以斥責的語氣道：「你看！」

鏡虛禪師卻平和的對徒弟說：「你看！」

因為師徒的對話，床上的女人緩緩轉過身來，徒弟猛一看，只見一張看不到鼻子、眉毛、連嘴角也爛掉的臉，原來是一個患了麻瘋病的瘋女人正哭笑不清的望著自己。

這時，師父把手上的藥往滿空面前一伸，泰然的說：「喏！那麼你來吧！」

滿空跪了下來，說道：「師父！你能看的，我們不能看；你能做的，我們不能做！弟子愚癡。」

一念之轉

「眼見方為是，傳言未必真。」然而，生活是複雜多樣的。有時，我們親眼所見，親耳所聞的，也不一定是事實的真相。在與人相處的時候，一定要冷靜、謹慎啊！

10 正字是字，反字也是字

小和尚滿懷疑惑的去見師父：「師父，您說好人壞人都可以度，問題是壞人已經失去了人的本質，如何算是人呢？既不是人，就不應該度化他。」

師父沒有立刻作答，只是拿起筆在紙上寫了個「我」，但字是反寫的，如同印章上的文字左右顛倒。

「這是什麼？」師父問。

「這是個字。」小和尚說，「但是寫反了！」

「什麼字呢？」

「『我』字！」

「寫反了的『我』字算不算字？」師父追問。

「不算！」

「既然不算，你為什麼說它是個『我』字？」

「算！」小和尚立刻改口。

「既算是個字，你為什麼說它反了呢？」

小和尚怔住了，不知怎樣作答。

「正字是字，反字也是字，你說它是『我』字，又認得出那是反字，主要是因為你心裡認得真正的『我』字。相反的，如果你原不識字，就算我寫反了，你也無法分辨。只怕當人告訴你那是個『我』字之後，遇到正寫的『我』字，你倒要說是寫反了。」師父說，「同樣的道理，好人是人，壞人也是人，最重要在於你須識得人的本性。於是當你遇到惡人的時候，仍然一眼便能見到他的『天質』，並喚出他的『本真』；本真既明，便不難度化了。」

一念之轉

和別人相處是逃不開的生活法則，也是我們必須面對的人生命題。因為人都有自我的一面、自私的一面，站在自己的角度看問題容易，站在別人的立場看問題卻很難，所以與人相處不易，瞭解別人更難。也正因為如此，理解別人才顯得更為要緊。

11 一個裝著長壽藥水的瓶子

所羅門王最珍愛的寶物之一，就是一個裝著長壽藥水的瓶子。這種藥非常靈驗，任何人只要喝一點，就能長生不老。

他的朋友也來了，有的年紀老邁，有的患著重病，乞求國王賜給他們幾滴長壽藥水，甚至讓他們舔一下也行。

但是，國王都一一回絕，推托說，如果把藥水賜給他們中間的任何一個，其餘的人也會跟著來索取，他自己就所剩無幾了。

許多年之後，所羅門王垂死病榻，就叫人把那瓶尚未啟用的藥水拿來，心想只要喝了這藥水，就能長生不老。

過了一會兒，瓶子拿來了，但出乎意料的是，瓶子打開卻已經一滴不剩了。因為這藥水長年擱置不用，已經揮發盡淨。

當初如果他慷慨地與別人共享，它可能會越增越多。

一念之轉

一個人有好東西，如果只想著自己去享用它，這樣就會失去了好東西真正的意義。我們每個人都應該學會與別人分享，只有那些懂得分享的人，才會得到更多的回饋，也會得到更多的快樂。

12 出門在外，難免心情不好

唐朝開元年間，有位夢窗禪師，他德高望重，並且還做了本朝的國師。

有一次，他搭船渡河，渡船剛要離岸，遠處來了一位騎馬佩刀的將軍，大聲喊道：「等一等，等一等，載我過去！」他一邊說，一邊把馬拴在岸邊，拿了鞭子朝小船走來。

船上的人紛紛說道：「船已經開了，不能回頭了，乾脆讓他等下一艘船吧！」船夫也大聲喊道：「請等下一艘船吧！」將軍非常失望，急得在水邊團團轉。

這時，坐在船頭的夢窗禪師對船夫說道：「船家，這船離岸還沒有多遠，你就行個方便，掉過船頭載他過河吧！」船家一看，是位氣度不凡的出家師傅開口求情，就把船開了回去，讓那位將軍上了船。

將軍上了船後，就四處尋找座位，無奈座位已滿。這時，他看到了坐在船頭的夢窗禪師，於是拿起鞭子就打，嘴裡還粗野的罵道：「老和尚，快走開。沒看見你大爺上船了嗎？快把座位讓給我。」沒想到，這一鞭正好打在夢窗禪師的頭上，鮮血順著他的臉頰汩汩的留了下來。禪師一言不發，把座位讓給了那位將軍。

看到這一切，大家心裡既害怕將軍的蠻橫，又為禪師抱不平，人們紛紛竊語：這將軍真是忘恩負義，禪師請求船夫才回去載他，他不僅搶了禪師的位子，還打人家。從大家的議論聲中，將軍明白了一切。他心裡非常慚愧，懊惱不已，但身為將軍，他又不好意思認錯。

不一會，船到了對岸，大家都下了船。夢窗禪師默默的走到了水邊，洗掉了臉上的血污。此時，那位將軍再也忍受不住了，他走上前，跪在禪師面前，懺悔道：「禪師，我真對不起您。」

誰知，夢窗禪師不僅沒有生氣，反而心平氣和地說：「不要緊，出門在外，難免心情不好。」

一念之轉

大千世界，無時無刻都有著大大小小的罪過出現，但是其中大多數都是無心之罪。雖然我們不能改變周圍的世界，但我們卻可以改變自己，用慈悲心和智慧心來面對這一切。俗話說：「為人就是為己；惠人就是惠己。」一個人在給予別人寬容和愛的同時，你也會得到寬容和愛的。

13 你只要退那麼幾步

有一位紳士要去處理一件急事，在去的路上要經過一座獨木橋，到了獨木橋之後，剛走幾步便遇到一個貴婦。紳士很禮貌的轉過身回到橋頭，讓貴婦過了橋。貴婦一過橋，紳士又走上了橋。這次都走到橋中央了，又遇到了一位散步的鄉紳，紳士二話不說，回到橋頭讓鄉紳過了橋。

第三次紳士再也不貿然上橋，而是等獨木橋上的人過盡後，才匆匆上了橋。眼看就到橋頭了，迎面趕來一位推獨輪車的農夫。紳士這次不甘心回頭，他覺得這次應該是農夫給他讓路了，因為他身分高貴：「農夫，你看我還有兩步就要到橋頭了，還是讓我先過去吧！」農夫不願意，把眼一瞪，說：「你沒看到我急著去趕集嗎？」話不投機，兩人爭執起來。這時，河面上浮來一葉小舟，舟上坐著一個胖和尚。和尚剛到橋下，兩人不約而同請和尚為他們評理。

和尚雙手合十，看了看農夫，問他：「你真的很急嗎？」

農夫答道：「我真的很急，晚了便趕不上集了。」

和尚說：「你既然急著去趕集，為什麼不盡快給紳士讓路呢？你只要退那麼幾步，紳士便過去了，紳士一過，你不就可以早點過橋了嗎？」

農夫一言不發，和尚便笑著問紳士：「你為什麼要農夫給你讓路呢？就是因為你快到橋頭了嗎？」

紳士爭辯道：「在此之前我已給許多人讓了路，那些人都是身分高貴的人。」

「如果不是已給許多讓了路，那你現在是不是就過去了呢？」和尚反問道，「你既已經給那麼多人讓了路，再讓農夫一次，即使過不了橋，起碼保持了你的風度，何樂而不為呢？要知道，農夫也是人。」紳士滿臉漲得通紅。

一念之轉

「退一步海闊天空，讓一讓風平浪靜。」在生活中謙讓一些，既能顯出自己的風度，又能減少很多不必要的麻煩。謙讓，就是一種心平氣和的謙卑與互讓；就是一種心明眼亮的謙虛與互利；就是一種聰明睿智的謙遜與互惠。

14 生氣只會造成更多的業障及惡緣

一天，一位禪師正要開門出去時，突然闖進一位身材魁梧的大漢，狠狠的撞在禪師身上，把他的眼鏡撞碎了，還戳瘀了他的眼皮。

那位撞人的大漢，毫無羞愧之色，理直氣壯的說：「誰叫你戴眼鏡的？」

禪師笑了笑沒有說話。

大漢頗為驚訝的問：「喂！和尚，你為什麼不生氣呀？」

禪師藉機開示說：「為什麼一定要生氣呢？生氣既不能使眼鏡復原，又不能讓臉上的瘀青消失、苦痛解除。再說，生氣只會擴大事端，如果我對你破口大罵或打鬥動粗，必定會造成更多的業障及惡緣，也不能把事情化解。」

「若我早一分鐘或遲一分鐘開門，都會避免相撞，或許這一撞就化解了一段惡緣，還要感謝你幫我消除業障呢？」

大漢聽後十分感動，他問了許多佛的問題及禪師的稱號，然後若有所悟的離開了。

事情過了很久之後，一天禪師接到一封掛號信，信內附有五千元錢，正是那位大漢寄的。

原來大漢年輕時不知勤奮努力，畢業之後，在事業上高不成低不就，十分苦惱，婚後也不知善待妻子。一天他上班時忘了拿公文包，中途又返回家去取，卻發現妻子與一名男子在家中談笑，他衝動的跑進廚房，拿了把菜刀，想先殺了他們，然後自殺，以求了斷。

不料，那男子驚慌的回頭時，臉上的眼鏡掉了下來，瞬間，他想起了禪師的教誨，使自己冷靜了下來，反思了自己的過錯。

從那以後，他的生活很幸福，工作也得心應手了，所以特寄來五千元錢，一方面為了感謝師父的恩情，另一方面也請求師父為他們祈福消業。

禪師的寬容帶給了大漢覺悟，教會他用一顆寬容的心去對待別人。

一念之轉

「人越是接近真理，越能包容別人。」寬容讓我們彼此相連，讓我們認清彼此，珍惜生命。世界上最廣闊的是海洋，比海洋更廣闊的是天空，比天空更廣闊的是人的胸懷。有了比天空更廣闊的胸懷，人才能拿得起，放得下。一個人要想生活幸福，成就事業，就必須有「海納百川，有容乃大」的胸襟。

15 是老的大，還是小的大

無德禪師是一位得道高僧，他聲名遠播，門下弟子無數。他以對待弟子寬厚仁慈而受到眾人的愛戴。

有一天，一位信徒到寺院拜佛，拜完後便坐在客堂休息。他剛坐下來，就聽到旁邊一位年輕的侍者對年事已高的無德禪師喊道：「老師！有信徒來了，快上茶！」過了一會兒，又聽到那位侍者喊道：「老師！佛桌上的香灰太多了，您把它擦一擦吧！」無德連忙答應著。「還有門前的幾盆菊花，可別忘了澆水呀！」侍者又補充道。無德禪師又轉頭回應。「中午別忘了留信徒用飯。」侍者又說。無德禪師都答應了。

年老的無德禪師在年輕侍者的指揮下東奔西跑，忙來忙去。信徒看在眼裡，有些於心不忍，於是便走上前去輕聲問無德禪師：「老禪師！這侍者和您是什麼關係？」

老禪師自豪的回答：「他是我的徒弟呀！」

信徒聽後更加大惑不解，又問道：「既然這位年輕的侍者是您的徒弟，那他為什麼對您如此無禮？一會兒叫您做這，一會兒要您做那！這哪像徒弟所為？」

老禪師卻非常高興的說道：「能有這樣的徒弟，是我修來的福氣：信徒來時，我只管倒茶，並不需要講話；平時佛前上香換水都是他做，我只是幫忙擦擦灰塵而已；他雖然說讓我留下信徒吃飯，但卻用不著我去燒茶煮飯。寺內上下一切事務他都安排得井井有條，這讓我輕鬆了許多，否則我就會更辛苦了！」

信徒聽後仍然有些不解，接著問道：「既然這樣，那你們是老的大，還是小的大？」

無德禪師道：「當然是老的大，但是小的卻比老的更有用呀！」

一念之轉

人與人之間就是一個相互依賴、相互幫助的和諧關係。對於那些無關緊要、可有可無的虛幻的名聲和輩份，我們沒有必要過分在乎和追求。

16 護賊度賊的殘夢禪師

有一天晚上，殘夢禪師正在方丈室讀書時，突然聽到牆壁上有聲響，猜想可能是個小賊，於是就叫侍者道：「拿些錢給那鑿牆的朋友吧！」侍者走到鄰室，大聲的說道：「喂！不要把牆壁弄壞，給你些錢就是了！」

小偷一聽，嚇得轉身就逃走了。

殘夢禪師以責備的語氣對侍者說道：「你怎麼可以大聲吼叫？一定是你的聲音太大，把他嚇著了，可憐他錢也沒有拿到就跑走。這麼冷的天氣，他可能還沒有吃過晚飯。你趕快追上去把錢拿給他。」弟子無奈，只得奉師命，在寒冷的深夜裡，到處尋找不知躲在哪個角落裡的小偷。

又有一位名叫安養的比丘尼，一天夜半睡覺時，小偷潛進來偷竊，把他唯一的一條棉被偷走了。安養沒有辦法，只好以紙張蓋在身上取暖。

小偷在驚慌之間，被負責巡邏的弟子撞見了，倉皇的將偷到手的棉被遺留在地下。徒弟們撿到這床師父的棉被，趕緊送回師父房間，只見安養禪尼身上蓋著紙張，縮著身子直打哆嗦，看到被送回的棉被說道：「哎呀！這條棉被不是被小偷偷走了嗎？怎麼又送回來呢？既然是小偷拿去了，就是他的東西。趕快，拿去還給他！」

弟子無奈，在師父的百般催促之下，費了九牛二虎之力，才把逃得很遠的小偷找到，表明師父的意思，堅持把棉被還給他。小偷受了感動，特地跑回寺院向安養禪尼懺悔，並因而皈依，從此改邪歸正。

一念之轉

一個真正成功的人，有包容、恭敬、誠信、靈敏、慷慨五德，而包容是五德之首。心胸豁達，足能涵萬物；心胸狹隘，不能容一沙。

17 繁華終將消失，枯萎也將成為過去

藥山惟儼禪師是唐代著名禪宗大師，他與許多高僧一樣，善於從眼前小事物入手，啟發弟子們的悟性。

有一次，惟儼禪師帶著兩個弟子道吾和雲巖下山，途中惟嚴禪師指著林中一棵枯木問道：「你們說，是枯萎好呢，還是茂盛好？」

道吾不假思索的回答：「當然是茂盛的好。」

惟儼禪師搖搖頭道：「繁華終將消失。」

這一來，答案似乎已經明確，所以雲巖隨即轉口說：「我看是枯萎的好。」

誰知惟儼禪師還是搖了搖頭：「枯萎也終將成為過去。」

這時，正好有一位小沙彌從對面走來，惟儼禪師便以同樣的問題來考他，機靈的小沙彌不緊不慢的答道：「枯萎的讓它枯萎，茂盛的讓它茂盛好了。」

惟儼禪師這才頷首讚許道：「小沙彌說得對，世界上任何事情，都應該聽其自然，不要執著，這才是修行的態度。」

一念之轉

萬物的枯榮有其規律，花兒不會因為人們喜愛而常開，月亮也不會因為人們不滿而不缺。自然的法則是博大的，也是殘酷的，繁榮也好，枯萎也罷，隨著時間的流逝，終究是要消失的。

人生在世，美貌、權力、財富、名譽都不過是過眼煙雲，人應該學會順其自然的活著，越是刻意追求反而越會被其所累，迷失了自己。

18 老方丈發放供果

老方丈每次給眾僧們發放從佛龕上撤下的供果時，僧侶們領到的供品從數量到種類上都不盡相同，有的僧侶甚至領不到任何供品。

有一次，一個沒領到供果的和尚，非常委屈的去問方丈，為什麼沒他的份。方丈說：「正月初三下大雪，你起床晚，沒參加掃雪；二月初三去化緣，你回來的最早，卻空手而歸……當然就沒你的供果了。」

另一次，一個沒領到供果的小沙彌，非常疑惑的去問方丈：怎麼沒他的零食呢？方丈說：「與你一起入寺的其他的沙彌都會背誦《般若波羅密多心經》了，只有你還不會背；另外，你在值更的時候，還多次偷偷的打盹……當然就沒你的供果了。」

還有一次，一個年過半百的老和尚也沒領到供果，覺得很沒面子，他面紅耳赤的問方丈，怎麼會沒有他的供果呢？

方丈說：「首先，你對寺院裡新來的僧侶們沒盡心盡責，光顧著自己修身養性了；再就是，你對一位施主提出的問題敷衍、搪塞，沒有認真回答，辜負了施主的信任和尊重，有失出家人的品格，當然沒你的供果了。」

經過多次的供果「風波」之後，該寺院的僧侶們都改稱供果為「因果」了。

一念之轉

凡事有因才有果，有因就有果。要想得到穀麥的果實，不是心裡想想就可得到了的，還必須要在彼種上做一番工夫，諸如播種施肥耘草等。要想有所收穫，就得先付出必要的努力，任何投機取巧的心理和行為，最終都可能會使自己遭受損失。

Chapter.

3

持平常心，參生活禪

人生在世間時時刻刻像處於荊棘叢林之中一樣，處處暗藏危險或者誘惑。只有不動妄心，不存妄想，心如止水，才能使自己的行動無偏頗，進而有效的規避風險，抵制誘惑。而人們常因功利心而疲於奔波，使心分散於無意，百般雜念纏繞，將自身置於迷惑的苦海之中，難以解答。所以，應學會以一種平常心來對待世事，將功名利祿看穿，將勝負成敗看透，才能感受到生命的真諦，才能活得更輕鬆。

01 需要多少年才能成為一名劍客

日本近代有兩位一流的劍客，一位是宮本武藏，另一位是他的徒弟柳生又壽郎。

當年柳生又壽郎拜宮本武藏學藝時，一見面就問道：「師父，我努力學習的話，需要多少年才能成為一名劍客？」

「一生。」武藏答道。

「我不能等那麼久，」又壽郎解釋說，「只要您肯教我，我願意下任何苦功去達到目的。如果我當您的忠誠僕人，需時多久？」

「哦，那樣也許要十年。」武藏緩和的答道。

「家父年事漸高，我不久就得服侍他了，」又壽郎不甘心的繼續說道，「如果我更加努力的學習，需時多久？」

「嗯，也許三十年。」武藏答道。

「這怎麼說啊？」又壽郎問道，「你先說十年而現在又說三十年。我不惜任何苦功，要在最短的時間內精通此藝！」

「嗯，」武藏說道，「那樣的話，你得跟我七十年才行，像你這樣急功近利的人多半是欲速不達。」

「師父教訓的是，」又壽郎說道，「我願意一直跟著您學習劍術，接受您的任何訓練，直到得到您認可為止，不管多少年。」

武藏收下又壽郎為弟子後，不但不教他劍術，而且不許他談論劍術，連劍也不准他碰一下，只是叫他每天做飯、洗碗、鋪床、打掃庭院和照顧花園。

三年的時光就這樣過去了，又壽郎每天都只是做些打雜的苦役，每當他想起自己的前途，內心不免有些茫然。

有一天，又壽郎在工作的時候，武藏悄悄的跑到他身後，以木劍給了他重重的一擊。第二天，正當又壽郎忙著煮飯的時候，武藏再度出其不意的襲擊了他。無論什麼地點，一天二十四小時，又壽郎都有可能受到師父那把大木劍出其不意的襲擊。

自此以後，無論日夜，又壽郎都隨時隨地預防突如其來的襲擊。到後來，就算在睡夢中，他都能聽到武藏師父舉起木劍的聲音。

最後，又壽郎總算悟出了劍道的真諦並得到了武藏老師的認可，成為日本一流的劍客。

宮本武藏從來沒有給又壽郎講過什麼劍術理論，也沒教授他劍法，只是讓他每天做些洗衣做飯的工作，時不時的拿木劍襲擊他，就是這些很尋常的事情讓又壽郎悟出了高深的劍道。

一念之轉

「平常心」就是沒有分別矯飾，超越染淨對待的自然生活，是本來清淨自性心的全然顯現。平和的心態能消除偏狹和狂傲之氣，捨去浮躁和虛華，以一顆平常心面對人生，腳踏實地走好人生的每一步。做事情不可以急功近利，越是急功近利，你離成功就越遠。

02 老禪師臨終的話

有一個臨終的老禪師躺在床上，他宣佈當天晚上他就會走了。所以，他的弟子、友人紛紛來到他的住所，許多愛他的朋友從大老遠的地方趕來看他。

一位大弟子聽到師父即將圓寂的消息時馬上跑去市場，有人問他：「師父就快過世了，你為什麼還往市場去？」

大弟子回答：「我知道師父特別鍾愛某一種蛋糕，所以我要去市場買這種蛋糕。」

要找到這種蛋糕不大容易，不過在傍晚前總算給他找到了，他提著蛋糕趕回去見師父。

大家都有點擔心，師父看起來好像在等某個人，他偶爾張開眼睛看看，然後又闔上眼，當這位大弟子趕到的時候，他說：「你終於來了，蛋糕呢？」

大弟子奉上蛋糕，他很開心師父想吃這個蛋糕。

死亡正逐漸降臨，師父將蛋糕拿在手上……但他的手並不會發抖。有個人問道：「你年紀這麼大了，而且正在臨死邊緣，隨時都有可能嚥下最後一口氣，但你的手卻不會顫抖？」

這位師父說：「我從未顫抖，因為我沒有恐懼，我的身體已經老了，但我依然年輕，就算身體走了，我也依然年輕。」

接著他嘗了一口蛋糕，開始吃得津津有味。一個弟子問他：「師父，您有沒有什麼最後的話要告訴我們的？您很快就要離開我們了，您有沒有特別要我們記住的事？」

師父臉上泛起微笑，他說：「啊，這蛋糕真好吃！」

一念之轉

古人有這樣一副禪意十足的對聯：「寵辱不驚，看庭前花開花落；去留無意，望天空雲卷雲舒。」意思是說，為人做事，能視寵辱如花開花落般平常，才能不驚；視職位（生命）的去留如雲卷雲舒般變幻，才能無意。得之不喜、失之不憂、寵辱不驚、去留無意。這樣才可能心境平和、淡泊自然。

03 放下心中那點負累

百丈懷海跟隨了馬祖多年，總是在悟與不悟之間，不能徹底的放下心中那麼點負累，心有所執。

一天，他和馬祖在靜靜的佛堂裡參禪，垂眉低目。百丈懷海總是時不時睜眼看一番。這被馬祖看到了，馬祖就問：「佛堂裡有一個什麼東西？」

懷海一聽，知道老師在考他，就答道：「佛堂無物。」

馬祖聽了他的回答，就慢慢的走過去，用力擰著懷海的鼻子，問：「你沒有看到有很多塵埃嗎？」懷海心中很是慚愧，但隨即就省悟過來。

省悟後，他卻回到僧人住處裡哀聲大哭起來。同住的和尚覺得很奇怪，就問懷海：「你想父母了嗎？哭什麼呢？」

「不是。」

「被人家罵了嗎？」

「也不是。」

「那你哭什麼？」那和尚心中都著急了，急切的問道。

懷海這時方回答說：「我的鼻子被馬大師擰痛了，痛到不行。」

那和尚一聽，接著問：「有什麼機緣不契合嗎？」

懷海想了一下說道：「你問師父去吧！」

那和尚就去問馬大師：「懷海侍者有什麼機緣不契合？他在宿舍裡哭。請師父對我說說。」

馬祖一聽，大為欣慰，說：「他終於悟了，你自己去問他吧！」

那和尚大惑不解，回到宿舍後說：「師父說你悟了，叫我來問你。」

只見懷海哈哈大笑。那和尚見了這情形，不僅不能理解，心中反而有點憤怒，問：「剛才哭，現在卻笑，你這是幹什麼？」

懷海緩緩的說道：「剛才哭，現在笑。」和尚更是不解，就走開了，不再理他。

不久，懷海拈得一偈，曰：體露真常，不拘文字。心性無染，本身圓成。

一念之轉

「天然無飾，便是本性」。不妨把生活看成了一種天然的運動狀態，用一顆本真的心，去感受世界，感受生活給予的一切。

04 真心怎麼會不見

有一位朱慈目居士，是一個對淨土法門非常有修持的信徒，一天他特地去拜訪佛光禪師道：「禪師！我念佛拜佛已經二十多年了，最近在持佛號時，好像不太一樣。」

佛光禪師問道：「有什麼不一樣呢？」

朱慈目道：「我過去在持佛號時，心中一直有佛性，就算口中不念，而心中仍然覺得佛聲綿綿不斷，就是不想持，但那聲音仍像泉源，會自動流露出來。」

佛光禪師道：「這很好呀！表示你念佛已念到淨念相繼，與佛相應，找到自我的真心了。」

朱慈目道：「謝謝禪師的讚許，但我現在不行了，我現在很苦惱，因為我的真心不見了。」

佛光禪師道：「真心怎麼會不見呢？」

朱慈目道：「因為我與佛相應的心沒有了，心中佛聲綿綿不斷的淨念相繼沒有了，要找也找不回來了。禪師！我為此好苦惱，請您告訴我，我到哪裡去找我的真心呢？」

佛光禪師指示道：「尋找你的真心，你應該知道，真心並不在任何地方，你的真心就在你自己的身上。」

朱慈目道：「我為什麼不知道呢？」

佛光禪師道：「因為你一念不覺和妄心打交道，真心就離開你了。」

朱慈目聽後，似有所悟。

一念之轉

人為什麼會迷惑？是因為虛妄蓋覆了真心，真心沒有了，自然就找不到自己的家門。如何避免真心被虛妄蓋覆？就是要學會保持平常心！

05 參禪何須山水地

傳說汾陽無德禪師從小天資非凡，對一切文字經常是自然通。十四歲時父母相繼去世，於是就剃度出家，雲遊四方，拜訪了十一位名宿鴻儒，到了省念禪師才開大悟。

省念禪師示寂後，無德應西河道俗的邀請，住於汾陽太子院，說宗要，接化學人，足不出戶達三十年之久。

有一位虔誠的佛教信徒，每天都從自家的花園裡，採擷鮮花到寺院供佛，一天，當她正送花到佛殿時，碰巧遇到無德禪師從法堂出來，無德禪師非常欣喜的說道：「妳每天都這麼虔誠的以香花供佛，依經典的記載，常以香花供佛者，來世當得莊嚴相貌的福報。」

信徒非常歡喜的回答道：「這是應該的，我每次來寺禮佛時，自覺心靈就像洗滌過似的清涼，但回到家中，心就煩亂了。作為一個家庭主婦，如何在煩囂的塵市中保持一顆清淨純潔的心呢？」

無德禪師反問道：「妳以鮮花獻佛，相信妳對花草總有一些常識。我現在問妳，妳如何保持花朵的新鮮呢？」

信徒答道：「保持花朵新鮮的方法，莫過於每天換水，並且於換水時把花梗剪去一截。因花梗的一端在水裡容易腐爛，腐爛之後水分不易吸收，就容易凋謝！」

無德禪師道：「保持一顆清淨純潔的心，其道理也是一樣，我們的生活環境像瓶裡的水，我們就是花，唯有不停淨化我們的身心，變化我們的氣質，並且不斷的懺悔、檢討、改進陋習、缺點，才能不斷吸收到大自然的食糧。」

信徒聽後，連忙施禮感謝，說道：「謝謝禪師的開示，希望以後有機會親近禪師，過一段寺院中禪者的生活，享受晨鐘暮鼓，菩提梵唱的寧靜。」

無德禪師道：「參禪何須山水地，滅卻心頭火亦涼。妳的呼吸便是梵唱，脈搏跳動就是鐘鼓，身體便是寺宇，兩耳就是菩提，無處不是寧靜，又何必等機會到寺院中生活呢？」

一念之轉

「參禪何須山水地，滅卻心頭火亦涼。」最重要的是一顆平常而富有智慧的心。修身和進步無須外求，關鍵是要善於自我反省。只有不停的反思我們的行為，檢討我們的錯誤，改進我們的缺點和陋習，才能淨化我們的身心，變化我們的氣質，保持心靈的健康和純潔。

06 道悟為龍潭指示心要

有很多禪師出身貧窮，但禪是不計較出身的。在禪門中，諸法皆空，你悟道前的種種身相、世相皆是虛妄，這是禪家真諦的解脫，也是禪門的大幸，或許因此，有些大智慧的人才有幸入禪得道。龍潭崇信就具有這樣的大智慧。

龍潭崇信出家前以賣餅為生，在各地流浪，忍受著風吹雨打，體會著生命的千百滋味，在人生的顛沛和流離中漸漸的明白了開通的道理。

這一年，他來到了一個小鎮，在天皇道悟住持的廟宇旁邊。他想找一個地方安身，各處求告，但沒人願意提供住所。

道悟知道了這事後，就把寺廟旁的小屋借給他住。他為了表示感激，就每天都把十個餅送給廟裡的道悟。但奇怪的是，道悟每次收下他的餅之後，都要剩下一個還給龍潭崇信。

時間久了，龍潭崇信忍不住就想問個究竟。這天，他拿著道悟留下來的餅，站在道悟的面前，想問清楚。道悟說道：「這個餅是我送給你的，希望你子孫昌盛。」說話的時候，臉上帶著真誠的微笑。

龍潭崇信更加不解的問：「這餅明明是我送給您的，為什麼您又送還給我呢？」

「是你送來的，又還給你。這有什麼不對的嗎？」

龍潭若有所悟，便決心出家，追隨道悟。

龍潭跟隨道悟許久，卻從未聽到道悟為其指示心要。

一天，龍潭鼓起勇氣，問道悟：「我跟隨師父許久，怎麼沒有聽過您為我指示心要？」

道悟：「我無時無刻，都在對你指示心要啊！」

龍潭：「您指示了什麼？」

道悟：「你遞茶來，我接了；你送飯來，我吃了；你行禮來，我受了。你還要我指示你什麼？」

龍潭低頭想了一想。

道悟見機，當即說道：「要能見道，須當下即見；若經思慮，便有偏差。」

聽了這句話，龍潭立刻開悟。

一念之轉

很多我們孜孜以求的東西，本來就是自己的東西，就在我們自己的心中。在這個凌亂的世界上，在這個充斥著各種慾望的時代，我們更需要守著自己的本心，不要讓自己的心迷失了。

07

「此時此刻」看自己

有一個學僧仰慕智常禪師的道行，特地到他的道場來學習。

有一天，學僧跟隨智常禪師一起鋤草，茂密的草叢中突然竄出一條蛇。禪師毫不猶豫，舉起鋤頭便砍。學僧心想：「出家人以慈悲為懷，怎麼能夠輕易殺生呢？」但是禪師卻若無其事的繼續除草，學僧忍不住譏諷禪師說道：「這裡慈悲的道風遠近聞名，原來是欺世盜名！我在這裡親眼看到的卻只是一個粗魯的俗人。」

智常禪師不高興的質問道：「出家人像你這麼說話！是你粗，還是我粗？」

學僧仍不高興的頂撞道：「什麼是粗？」

智常禪師放下鋤頭，直視著學僧。

學僧以為考住了禪師，又得意的追問道：「什麼是細？」

禪師舉起鋤頭，重複了斬蛇的姿勢。

學僧莫名其妙的說：「你說的粗細，到底什麼意思啊？我想誰也看不懂！」

智常禪師岔開話題道：「聽不懂？那就先不說它。請問你在什麼地方、什麼時候看見我斬蛇？」

學僧心想這老頭子居然想要賴，馬上毫不客氣的說：「此時此刻！」

智常禪師用訓誡的口氣說道：「你『此時此刻』看不到自己，卻看到斬蛇做什麼？」

學僧醒悟過來，急忙向禪師道歉。

一念之轉

現實生活中的錯誤往往是由於先入為主的執著心造成的。所以，我們要時刻保持清醒的頭腦，不要為外界的紛繁假象所迷惑，也不要為之沉迷，為之憤怒，為之悲喜……

08 偉人何以成其為偉人

一位和尚跪在一尊高大的佛像前，正無精打采的默誦經文。長期的修煉並未使他立地成佛，他因此而苦悶、彷徨，渴望解脫。正好，一位馳名中外、雲遊四海的哲人來到他身旁。

「尊敬的哲人，久仰久仰！弟子今日有緣見到你，真是前世造化！」和尚來不及站起，激動得顫顫巍巍的說，「今有一事求教，請指點迷津：偉人何以成其為偉人？比如說，我們面前的這位佛祖……」

「偉人之所以偉大，是因為我們跪著……」哲人從容的講開了，聲如洪鐘，縈繞殿堂。

「是因為……跪著？」和尚怯生生的瞥了一眼佛像，又欣喜的望著哲人，「這麼說，我該站起來？」

「是的！」哲人向他打了一個起立的手勢，「站起來吧，你也可以成為偉人！」

「什麼？你說什麼？我也可以成為偉人？你……你……你這是對神靈、偉人的貶損！」說著，和尚雙手合十，連念了兩遍「阿彌陀佛」。

「與其執著拜倒，不如大膽超越。」哲人像是講給和尚聽，又像自言自語，頭也不回的走了。

「超越？呸！」和尚聽了哲人的話如驚雷轟頂，「這瘋子簡直是褻瀆神靈！罪過！罪過！」說著，虔誠之至的補念了一遍懺悔經。

一念之轉

要想超越別人，首先得超越自己。連自己都不瞭解，都不敢超越的人，永遠都不會加入偉人的行列。

09 廣元老和尚修行的功夫

現代高僧廣元老和尚住在承天寺時，他說自己沒有福報，不敢接受供養，於是就去住山洞，一住就是十三年。

十三年後，他回到寺裡，還是不住寮房，而要求守大殿。但大殿不能安床鋪，因此他只能天天晚上在寶殿打坐。

過了一段時間，寺裡的監院慧遠大師召集大家宣佈說，昨天晚上寶殿的功德箱被盜。這個功德箱是寺裡的主要收入，從來沒有發生過被盜的事情。即使過去夜裡沒有人守，也沒有被盜過。所以，當時大家自然懷疑到廣元老和尚，認為他在殿裡打坐，即使沒有偷，但別人偷，他也應該知道，也有責任。

這樣一來，大家對他的看法，就有了很大的轉變。大家認為這個人號稱坐山洞十三年，結果還幹出這等事，就非常鄙視他，都對他另眼相看。但是，他本人卻沒有申明過一句「我沒有偷，也沒有看到別人偷」，好像這件事與他無關一樣。別人罵他、指責他，他也不回答，還是一副若無其事的樣子。

過了一個星期後，監院慧遠大師又召集大家宣佈說：「根本就沒有功德箱被盜這回事，我之所以這麼說，是為了考驗一下廣元住山洞十三年，到底有沒有功夫。現在已證明，他真有修行的功夫！」

一念之轉

不管別人怎麼說，怎麼看，只要自己知道自己堅守正道，即使不進行過多的辯解，最終也能得到他人的理解和尊重。

10 今天還放不下

從前，有一位老修行者，在某寺院住了多時，度量很寬，待人厚道，常能勸人放下放下。

有人問他：「你這樣勸人教人，你自己放下沒有？」

他說：「我三十年前就斷無明瞭，還有什麼放不下的呢？」

後來覺得在寺院裡，還是有些不自在，所以就跑到深山住茅棚去。

這回無人來往，自由自在，以為就真無煩惱了。

誰知有一天，他在庵中打坐，聽到門外有一群牧童吵吵鬧鬧，說要到庵裡去看看。

有的說：「不要動修行人的念頭。」

有的說：「修行人的念頭是不會動的。」

後來。牧童都進來了。老修行者坐在蒲團上沒有理他們。

他們找吃的，找喝的，鬧個不休；老修行者不動不聲。牧童以為他死了，搖他也不動。但摸他身上，還有溫度。

有人說：「他入定了」。有人說：「我不相信」。於是，有人拿根草挑他的腿，老修行者還是不動；挑他的手，也不動；挑他的肚臍，也不動；挑他的耳朵，也不動；挑他的鼻孔——老修行者忍不住，打了個噴嚏，大聲罵道：「打死你們這些小雜種！」

那時觀音菩薩在空中出現，說：「你三十年前就斷無明暸，今天還放不下嗎？」

一念之轉

心如止水的境界確實不容易達到。如果雜念不除，即使整天在深山靜坐，也不會有好的效果。只有不斷專心致志的去精修，追求內心的沉靜，才是聰明的做法。

11 誤會一場

從前有一座山，山中有一間客棧。一天傍晚，遠方來了一位甲客官，打算在客棧借住一宿，主人告訴他：

「所有的房間都已滿，只剩一間房間，但這間經常鬧鬼。」

甲客官一聽，便說：「那裡真的有鬼！多半是膽小的人生事。我不怕鬼！」說完，便休息了。

天將亮時，又來了一位乙客官，也想在此客棧借住一宿，主人也告訴他相同的話。

乙客官也說：「我不怕鬼！」

進了客房以後，甲客官一直都在等待鬼的出現。就在乙客官正要開門進房休息時，甲心裡想：鬼來了！乙心裡也想：鬼在裡面！

於是，乙客官拚命的推門，想一探究竟，甲客官害怕得死命抵住門……

最後，乙客官破門而入，甲客官便猛力的打乙客官，而乙客官也極力的反擊。彼此糾纏扭打成一團。

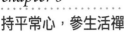

直到天亮，兩人相視，才知道原來是舊友，一整晚的對抗及傷害，都是一場誤會。

一念之轉

「疑心生暗鬼。」「世上本無事，庸人自擾之。」生活中，很多人往往會自尋煩惱，自己套上枷鎖，把自己搞得疲憊不堪。在生活中，想問題、辦事情，一定要平和、冷靜。只有冷靜的面對問題和困難，才能找出有效解決問題的方法。

12 禪師與進網和沒進網裡的魚

深禪師和明和尚都是得道高僧，他們常結伴同行雲遊四方。

這天傍晚，他們來到了淮河邊上，看到一位漁夫正在收網，於是駐足觀看。夕陽西下，河邊灑滿了落日的餘暉，網中金光閃閃，魚兒活蹦亂跳，半邊江水都被夕陽染成了紅色，好一番迷人景象。

然而漁夫看到兩位禪師到來卻不禁喃喃自語：「罪過，罪過，在師父們面前做這種活兒，我真是心中有愧。」

明和尚閉目合掌道：「俗家人也要養家活口，生活所迫，何罪之有？阿彌陀佛！」

漁夫聽後，若有所思，不禁放慢了收網速度。忽然，有條魚兒趁機一躍跳出網外，直入水中。深禪師看在眼裡，對明和尚說道：「明兄，真機靈啊！牠完全像個禪僧。」

明和尚對著那泛起漣漪的水面，回答道：「雖然死裡逃生，還不如當初別撞進網裡好。」深禪師笑了起來：「明兄，你省悟得還不夠啊！」

明和尚百思不解其意，半夜仍在河邊徘徊思索。河水閃著幽幽的光靜靜地向前流去，彷彿明和尚淡淡的思緒一樣隨時間流逝。

是了，是了，他頓悟：「那魚兒進了網裡與沒進網裡，只是外在的區別，其實自性都絲毫沒變啊！」明和尚興沖沖地向深禪師報告自己的心得體會去了。

一念之轉

人生在世間時時刻刻像處於荊棘叢林之中一樣，處處暗藏危險或者誘惑。只有不動妄心，不存妄想，心如止水，才能使自己保持理性的智慧。很多時候，我們不能改變環境，也不能改變別人，只能改變自己。凡事要做到「不以物喜，不以己悲」，身處逆境不要怨天尤人，而應保持率真的自我和良好的心態，才能減少生活中的很多煩惱。

13 為了除去師父的閒名

洞山禪師感覺自己即將離開人世了。這個消息傳出去以後，人們從四面八方趕來，連朝廷也派人急忙趕來。

洞山禪師走了出來，臉上洋溢著淨蓮般的微笑。他看著滿院的僧眾，大聲說：「我在世間沾了一點兒閒名，如今軀殼即將散壞，閒名也該去除。你們之中有誰能夠替我除去閒名？」

殿前一片寂靜，沒有人知道該怎麼辦，院子裡只有沉靜。

忽然，一個前幾日才上山的小和尚走到禪師面前，恭敬的頂禮之後，高聲說道：「請問和尚法號是什麼？」

話剛一出口，所有的人都投來埋怨的目光。有的人低聲斥責小沙彌目無尊長，對禪師不敬，有的人埋怨小沙彌無知，院子裡鬧哄哄的。

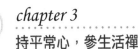

洞山禪師聽了小和尚的問話，大聲笑著說：「好啊！現在我沒有閒名了，還是小和尚聰明呀！」於是坐下來閉目合十，就此離去。

小和尚眼中的淚水再也止不住流了下來，他看著師父的身體，慶幸在師父圓寂之前，自己還能替師父除去閒名。

過了一會兒，小和尚立刻就被周圍的人圍了起來，他們責問道：「真是豈有此理！連洞山禪師的法號都不知道，你到這裡來幹什麼？」

小和尚看著周圍的人，無可奈何的說：「他是我的師父，他的法號我豈能不知？」

「那你為什麼要那樣問呢？」

小和尚答道：「我那樣做就是為了除去師父的閒名！」

一念之轉

「天下熙熙，皆為名來；天下攘攘，皆為利往。」有多少人為了名利終其一生，世人能做到捨棄名利的又有幾個呢？人們常因功利心而疲於奔波，使心分散於無意，百般雜念纏繞，將自身置於迷惑的苦海之中，難以解答。所以，應學會以一種平常心來對待世事，將功名利祿看穿，將勝負成敗看透，才能感受到生命的真諦，才能活得更輕鬆。

14 花的開放和閉合都是靜悄悄的

寺院裡接納了一個年方十六歲的流浪兒，這個流浪兒頭腦非常靈活，給人一種腳勤嘴快的感覺。灰頭土臉的流浪兒在寺裡剃髮沐浴之後，就變成了乾淨利落的小沙彌。

法師一邊關照他的生活起居，一邊苦口婆心、因勢利導的教他為僧做人的一些基本常識。看他接受和領會問題比較快，又開始引導他習字唸書、誦讀經文。也就在這個時候，法師發現了小沙彌的致命弱點——心浮氣躁、喜歡張揚、驕傲自滿，甚至不把任何人放在眼裡，大有惟我獨尊、不可一世之勢。

為了改變和遏制他的不良行為和作風，法師想了一個用來啟發、點化他的方法。

這一天，法師把一盆含苞待放的夜來香送給這個小沙彌，讓他在值更的時候，注意觀察一下花卉的生態狀況。

第二天一早，還沒等法師找他，他就欣喜若狂的抱著那盆花一路招搖的主動找上門來，當著眾僧的面大聲對法師說：「您送給我的這盆花太奇妙了！它晚上開放，清香四溢、美不勝收。可是，一到早晨，它又收斂了它的香花芳蕊。」

法師就用一種特別溫和的語氣問小沙彌：「它晚上開花的時候，吵你了嗎？」

「沒、沒有，」小沙彌高高興興的說，「它的開放和閉合，都是靜悄悄的，哪能吵我呢！」

「哦，原來是這樣啊！」法師以一種特殊的口吻說，「老衲還以為花開的時候得吵鬧著炫耀一番呢！」

小沙彌愣怔一陣之後，臉刷地一下就紅了，諾諾的對法師說：「弟子領教了，弟子一定痛改前非！」

一念之轉

花開心自知，真人不露相，深水流自靜。一個有修養的人，是不會把自己的進步掛在嘴上不停的去說、去張揚的。只有靜下心來，三緘其口，更加的用心去體會，才能不斷進步。知識越多的人往往越謙虛。謙虛使人得到尊重。為人處世雖不能妄自菲薄，也不可自高自大。做人要謙和、寬厚、千萬不可恃才傲物。

15 樸素而又莊嚴的寺廟

有一個皇帝想要整修在京城裡的一座寺廟，他派人去找技藝高超的設計師，希望能夠將寺廟整修得美麗而又莊嚴。後來有兩組人員被找來了：其中一組是京城裡很有名的工匠與畫師；另外一組是幾個和尚。由於皇帝沒有辦法決定到底哪一組人員的手藝比較好，於是他就決定要給他們機會，一較高下。

皇帝要求這兩組人員各自去整修一座小寺廟，那兩座寺廟正好面對面，而皇帝要在三天後來驗收。工匠們向皇帝要了一百多種顏色的顏料，以及很多的工具；而讓皇帝感到奇怪的是，和尚們居然只向他要了一些抹布與水桶等等簡單的清潔用具。

三天後，皇帝來驗收兩組人員裝修寺廟的結果，他首先看看工匠們所裝飾過的寺廟。工匠們正敲鑼打鼓的慶祝著工程的完成，他們用了非常多的顏料，以非常精巧的手藝把寺廟裝飾得五光十色。

皇帝很滿意的點點頭，接著回過頭來看看和尚們負責整修的寺廟。他一看之下就愣住了，和尚們所整修的寺廟沒有塗上任何的顏料，他們只是把所有的牆壁、桌椅、窗戶等等都擦拭得非常潔淨。寺廟中所有的物品都顯出了它們原來的顏色，而它們光澤的表面就像鏡子一般，無瑕的反射出從外面而來的色彩。那天邊多變的雲彩、隨風搖曳的樹影，甚至是對面那五顏六色的寺廟，都變成了這個寺廟美麗色彩的一部分，而這座寺廟只是寧靜的接受這一切。

皇帝被這莊嚴的寺廟深深的感動了，至於最後的勝利，相信大家也都猜到了。

一念之轉

我們的心就像是一座寺廟，不需要用各種精巧的裝飾來美化，需要的只是把心靈擦拭乾淨，讓內在原有的美無瑕的顯現出來。當你用一種新的視野觀看生活、對待生活時，你會發現許多簡單的東西才是最美的，而許多美的東西正是那些最簡單的事物。奢華的住所和服飾未必能給你帶來快樂，保持一顆純真、簡潔的心是獲得幸福人生的一大祕訣。

16 才幹非凡而無拘無束的戴晉生

戴晉生是個很有才學的人，平日裡與朋友們一起或作詩寫字，或品評國事，總表現出不凡的思想與見地，很受朋友們尊重。

魏王聽說了戴晉生的非凡才幹，很渴望見到戴晉生，於是吩咐下屬將戴晉生請來。戴晉生來到魏王宮中，魏王一看，此人雖衣著寒酸卻相貌不凡，在魏王面前站著，神態自若，毫無謙卑之態。魏王笑著請戴晉生坐，和他親切交談。談話間，魏王覺得戴晉生果然滿腹經綸，是經國濟世之才，於是產生了要留戴晉生在宮中做官的想法。

魏王說：「請先生留在宮中，我封你為上大夫，怎麼樣？」

戴晉生一聽，笑了笑說：「實在對不起，我對做官不感興趣。」

魏王說：「你出來做官，身為上大夫，出入有氣派，家人生活富裕，不比你現在的境況好得多嗎？」

戴晉生依然笑笑，擺擺手，起身告辭了魏王。

回家後，朋友們知道了這件事，很不理解：戴晉生為什麼放著這麼好的事不幹。他的妻子也埋怨他不該拒絕魏王。面對朋友們和家人的勸說，戴晉生還是一笑了之。

過了幾天，戴晉生去見魏王，依然穿著那身破舊的衣服。

魏王見他那副模樣，對他說：「前幾天，我那樣誠懇的請你留下，賜你上大夫的地位和俸祿你都不肯留下來，今天怎麼又來拜訪我呢？」

戴晉生笑了笑，不無遺憾的說：「看起來，真是不值得和您往來呀！原本我還打算把您當作朋友來交往的，可是您對我太不瞭解了。您見過那沼澤荒地中的野雞嗎？牠沒有人用現成的食物餵養，全靠自己辛勤覓食，總要走好幾步才能啄到一口食，常常是用整天的勞動才能吃飽肚子。可是，牠的羽毛卻長得十分豐滿，光澤閃亮，能和天上的日月相輝映；牠奮翅飛翔，引吭長鳴，那叫聲瀰漫在整個荒野和山陵。您說，為什麼會這樣呢？因為野雞能按自己的意志自由自在的生活，牠不停的活動，無拘無束的來往在廣闊的天地之中。現在如果把牠捉回家，餵養在糧倉裡，使牠不費力氣就能吃得飽飽的。牠必然會失去原來的朝氣與活力，羽毛會失去原有的光潤，精神衰退，垂頭喪氣，叫聲也不雄壯了。您知道這是什麼原因嗎？是不是餵給牠的食物不好呢？當然不是。只是因為牠失去了往日的自由，禁錮了牠的志趣，牠怎麼會有生氣呢！」

魏王聽了，若有所思的望著戴晉生。

一念之轉

把生命都耗費在名利上，到頭來只能是一場空。清明自在才是生命的至寶，使我們感覺到人生的充實，不受世俗傷害，看到生命的本源，找到人生的快樂。其實，自由是比任何物質的享受還要珍貴得多的。為了自由，我們在生活中要學會安於平淡，拒絕形形色色的名利誘惑。

17 三個孩子的夢

有一位父親，生了三個兒子，由於望子成龍，所以平日對子女管教嚴格，母親扮演著慈愛的角色。父親因最近公事比較忙，天天都早早出門，沒來得及和全家共進早餐。

這一天，剛好有空，他一早就在餐桌前等著孩子們一起用餐。

首先，老大含笑下樓來了，爸爸揮手要他坐在左手邊，關心的問他：「昨晚睡的還好吧？」

老大說：「很好呀，我做了一個好夢，夢見到天堂去玩。」

爸爸笑著問他：「那你對天堂的感覺如何呢？」

老大說：「很好呀，就像我們家一樣。」爸爸聽了笑得嘴巴合不攏。

接著老二也下來了，爸爸要他坐在右手邊，一樣問他：「昨晚睡得好嗎？」

老二說：「好極了，我夢見到了天堂呢！」

爸爸笑著問他：「那你對天堂有什麼感覺？」

老二說：「非常好，就像我們家一樣。」爸爸笑得更燦爛了。

老三晚起，被他母親硬從被窩裡挖了出來，心不甘情不願地匆匆漱洗也下樓來了，這個老三平日叛逆成性，最讓父母親頭疼了，這時爸爸臉上罩著些許寒霜，要他坐在正對面，冷冷的問他：「還是愛賴床，昨晚睡得不好嗎？」

老三噘著嘴說：「我昨天晚上做了一個惡夢，夢見到了地獄。」

爸爸聽了不禁冷笑道：「這也不足為奇，那地獄長相如何呀？」

老三眨眨眼說：「糟透了遭透了，就像我們家一樣……」

一念之轉

佛說：「一水四見。」一水對人們來說，是水；對魚兒來說，是它們的房子；對鬼道眾生來說，是烈火；對天神來說則是晶瑩剔透的水晶。為什麼會一水四見呢？「因為一切法從心想生」，雖然同樣是水，不同的用心，就有不同的觀照。

「萬法唯心造」，一切的心理現象都是主觀的意識所造成的心清自靜，心中有自我，自然也可心安理得。有了開闊的想法，我們的心永遠當下快樂，當下自在。

18 麥穗裡什麼都結不出來

在古印度的時候，常常發生乾旱或是水災，因此，老百姓們常常失去收成，過著飢腸轆轆的日子。

有一位婆羅門，因為不忍心看到大家總是飢餓的樣子，於是，他每天清晨都到神廟裡去祈求大梵天為人間免去災難，使人們能過上吃飽穿暖的日子。

也許是因為他虔誠的緣故，感動了大梵天，終於在一天清晨，大梵天來到了他的面前。

他激動的叩拜在大梵天的腳下，並對大梵天說：「尊敬的大梵天啊，您常常讓土地乾旱或洪水成災，導致農民失去收成，現在大家都過著飢餓的日子，您怎麼能忍心呢？還是讓我來教您點東西吧！」

大梵天聽完婆羅門的話之後，他並沒有生氣，反而趁著婆羅門磕頭的時候，偷偷的笑了一下，就對婆羅門說：「那就請你教我吧！」

「請您給我一年的時間吧！在這一年裡，按照我所說的去做，我會讓您看見，世界上再也不會有貧窮和飢餓的事情發生了。」婆羅門說。

就這樣，大梵天給了婆羅門一年的時間，並在這一年裡，滿足了婆羅門所有的要求。沒有狂風暴雨，沒有雷閃雷鳴，沒有任何對莊稼有危險的自然災害發生。當婆羅門覺得該出太陽了，就會陽光普照；要是覺得該下點雨了，就會有雨滴落下來，想讓雨停，雨就馬上停止，環境真是太好了，小麥的長勢特別喜人。

轉眼，一年的時間過去了，婆羅門看到麥子長得那麼好，就又向大梵天禱告說：「大梵天你瞧，要是再這麼過十年，就會有足夠的糧食來養活所有的人，人們就算不工作也不會餓死了。」大梵天沒有回話，只是在空中對著婆羅門微笑著。

終於到了收割的時候，人們興高采烈地來到麥田裡。可是令婆羅門驚訝的是，當大家割下麥子時，卻發現麥穗裡什麼都沒有，裡面空蕩蕩的。婆羅門驚慌極了，於是，他又跑到神廟裡去向大梵天禱告說：「大梵天呀，這究竟是怎麼一回事呀？」

這時，大梵天又出現了，他依然微笑著對婆羅門說：「那是因為小麥都過得太舒服了，沒有受到任何打擊的緣故。這一年裡，它們沒經過風吹雨打，也沒受到過烈日煎熬。你幫它們避免了一切可能傷害它們的事情。沒錯，它們長得又高又好，但是你也看見了，麥穗裡什麼都結不出來，我的孩子……」

聽了大梵天的話，婆羅門無言以對。

一念之轉

萬事順意是不利於成長的，要想品嚐成功的喜悅，就要歷經必要的鍾煉。過太舒服的生活會消磨你的意志，讓你停滯不前。

19 不播種就沒有果實

一個窮漢天天在田裡勞作，有一天他突然想：「與其每天辛苦工作，不如向神靈祈禱，請他賜給我財富，供我今生享受。」

他深為自己的想法而得意，於是把弟弟喊來，把家業委託給他，又吩咐他到田裡耕作謀生，別讓家人餓肚子。一一交待之後，他覺自己得沒有後顧之憂了，就獨自來到天神廟，為天神一族擺設大齋會，供養香花，不分晝夜的膜拜，畢恭畢敬的祈禱：「神啊！請您賜給我現世的安穩和利益啊，讓我財源滾滾吧！」

天神聽見這個窮漢的願望，內心暗自思忖：「這個懶惰的傢伙，自己不工作，卻想謀求巨大財富。倘若他在前世曾做佈施，累積功德，那麼，我給他些利益也未嘗不可。可是，查看他的前世行為，根本沒有佈施的功德，也沒有半點因緣，現在卻拚命向我求利。不管他怎樣苦苦要求，也是沒有用的。但是，若不給他些利益，他一定會怨恨我。不妨用些方法，讓他死了這條心吧！」

於是，天神就化作他的弟弟，也來到天神廟，跟他一樣祈禱求福。

哥哥看見了，不禁問他：「你來這兒幹嘛？我吩咐你去播種，你播下了嗎？」

弟弟說：「我也跟你一樣，來向天神求財求寶，天神一定會讓我衣食無憂的。縱使我不努力播種，我想天神也會讓麥子在田裡自然生長，滿足我的願望。」

哥哥一聽弟弟的祈願，立即罵道：「你這個混賬東西，不在田裡播種，只想等著收穫，實在是異想天開！」

弟弟聽見哥哥罵他，卻故意問：「你說什麼？再說一遍聽聽。」

「我就再說給你聽：不播種，哪能得到果實呢？你不妨仔細想想看，你太傻了！」

這時天神才現出原形，對哥哥說：「誠如你自己所說，不播種就沒有果實。過去不播善因的種子，今天哪會有什麼善果？你現在辛辛苦苦，斷食來供養我，這樣是自尋苦惱，只會來麻煩我。若想得到財寶、妻子和眷屬，身口方面當求清淨，更要努力行佈施。若不行善而想得福，那是根本辦不到的。」

一念之轉

只要努力做善業，就能求得各種甜果。僅僅依靠夢想和祈禱是做不成任何事的，最重要的是要採取積極有效的行動，付出努力和汗水。只有啟程，才會到達理想的目的地；只有播種，才能有收穫；只有奮鬥，才能品味幸福的人生。

20 十年功夫只值三文錢

從前有兩位小和尚，一個姓黑，一個姓白，為了拜師學藝，做進一步的修煉，他們討論各自分開去尋求名師。同時，他們倆也約定好，十年後的今天，他倆一定再回到分手的渡船碼頭，不見不散。

歲月如梭，十年一晃就過去了！

兩人依約回到渡船碼頭見了面，白和尚問黑和尚說：「黑老大！你的功夫一定很精進，你老兄練就了什麼絕活呢？」

黑和尚很自豪的說：「我拜了一位達摩禪師的傳人為師，練就了『蘆葦渡江』的無上功夫，現在就讓你開開眼界！」說完後，立刻摘下一根蘆葦草，丟入江中，乘著蘆葦草渡江而過。

等白和尚也跟著其他的人，坐著渡船過江，兩人剛一碰面，黑和尚就很得意的向白和尚說：「白老弟，你看如何？偉大不偉大？你老弟練了什麼無上的功夫？趕快也露一手，讓我瞧一瞧！」

白和尚很不好意思的左瞧瞧右瞧瞧，才低聲地說：「我好像什麼都沒有練，我的師父教我每天只管認真的吃飯，認真的睡覺，專心一意的當和尚，連敲鐘唸經都要很專一，萬般事情努力去作，而後一切隨緣而行！我的師父說這是無上的『智能與心法』，我也不知道對不對！」

黑和尚聽了之後，哈哈大笑，沒好氣的大聲說道：「這也算是功夫？你這十年都白混了？」

白和尚聽了這話後，先露出不置可否的表情，然後正經八百的問黑和尚：「黑大哥，你還練了其他功夫嗎？」

黑和尚用很難以置信的眼神，瞄了白和尚一眼，回問白和尚說：「老弟啊！難道我用十年的時間，練就達摩神功的『蘆葦渡江術』還不算精進嗎？」

白和尚搔了一搔頭，回答：「黑大哥，你是很厲害！可是我只付給船夫三文錢就可以渡江，為什麼你要花十年的時間去練它？難道你的十年功夫只值三文錢？」

黑和尚當場愣住了，哭喪著臉，一下子不知如何作答！

「要是沒有船呢？」黑和尚的師父不知何時來了，他突然朗聲說道。

這回該白和尚語塞了。

一念之轉

世上沒有無用的功夫，只怕沒有任何特長。一個人不能狂妄自大，也不要妄自菲薄；應該珍惜自己所擁有的一切，以平和的心態看待別人對自己的品評。最重要的是，一定要加強自身的實力，掌握一定的特長。

21

度有緣，救有難

在日本，至今仍流傳著一休娶妻的故事。

眾所周知，一休是聰明的化身。他是日本的著名禪師，怎麼會娶老婆了呢？事情原來是這樣的。

有一天，一休正在房內打坐，這時來了一位信徒向他哭訴自己因為治病而債台高築。現在債主每天都逼上門來討債，他整日提心吊膽，半夜才敢回家。這樣的日子他真的不想活了，真想一死了之。一休婉言相勸，問他除死之外還有沒有別的辦法。信徒搖搖頭說沒有，這可讓一休為難了。

信徒見狀，又大哭起來說：「沒法活了，沒法活了，只可惜苦了我女兒，一個人孤零零的活在世上。」

一休聽到這裡，忙對他說：「你不是還有一個女兒嗎？你可以為她找個女婿，讓女婿來幫你還債呀！」

信徒一聽這話又愣住了：「師父有所不知！我女兒才剛滿八歲，有誰會娶她呢？」

「那你就把女兒嫁給我吧！我替你還債。」一休微笑著對他說。

信徒聽後，大驚失色道：「這……這，你是我的師父，怎麼可能做我的女婿？何況我女兒還這麼小！」

但是一休並不在意，只是揮揮手對他說：「沒問題，我做你的女婿，一定能幫你還債，你就趕快回去準備此事吧！」

信徒回去後將此事告訴了鄰居，於是一傳十，十傳百，一休娶妻的消息轟動了全城。迎親那天，看熱鬧的人把門前擠得水洩不通。

一休見狀，立刻在門前擺上桌椅，拿出文房四寶，舞文弄墨起來。接著，他又拿出《狂雲集》，簽名售書。《狂雲集》本來就是集詩、歌、書於一體的著作，再加上一休的簽名，更是錦上添花。眾人見了自然爭相購買，以至於竟然忘了自己是來湊熱鬧的。過沒多久，就累積了一大籮筐的錢。

一休問信徒：「這些錢夠你還債了嗎？」

信徒高興得幾乎要流眼淚，連連說：「夠了！夠了！多謝師父！多謝師父！」他一邊說一邊準備向一休叩頭謝恩。

一休趕忙將他拉起來說道：「好了，好了，問題解決，我的任務也完成了，女婿我也不用做了，還是做你的師父吧！」說罷，轉身而去。

一念之轉

人生一世，善良慈悲固然重要，但是聰明機智也不可少。在生活中，我們應該把聰明的頭腦用在善事上，幫助別人解決難題，這樣才能贏得別人的尊重。要懂得：天無絕人之路，遇到問題要多動腦筋，想辦法，千萬不可輕易絕望，放棄努力和嘗試。

Chapter.

4

行到才是功夫，實施才是本源

有人把佛法看成是消極的，認為：既然佛法講一切都是空，一切都不要執著，一切都要放下，那麼就什麼也不要做了。這種看法錯了！

佛法是積極的，是無為而無所不為的。佛法主張，做事如修行，不是靠嘴上說的。表面上做虛渺之舉，必是無得無悟之舉，故，行到才是功夫，實施才是本源。緣起緣滅，起滅之中，惟有當下。為達目的者，積極進取創造條件，而唯一可以支配的時間就是當下。

01 生命究竟有多長

一天，佛祖站在雲端翹首俯瞰人間，他看到每一個城市都車水馬龍，人來人往，每個人都朝著自己的目標匆匆獨行，甚至急得汗流滿面。佛祖若有所思的問他的弟子：「弟子們，你們看呀，人們整天都忙忙碌碌，這究竟是為了什麼呢？」

弟子們雙手合十，恭聲答道：「佛陀，人們整天這樣的忙忙碌碌，不外乎是為了『名利』二字。」

「那麼，有了名利又能怎樣呢？」佛祖接著問道。

「有了名，可以得到別人的尊重；有了利，可以滿足肉體的奢侈。」一個弟子回答。

「無名無利的平民百姓，他們整天到晚勞累忙碌，又是為了什麼呢？」

「佛陀，平民百姓勞累忙碌是為了養家餬口，吃飯穿衣。」一個弟子平靜的答道。

「吃飯穿衣又是為了什麼呢？」佛祖接著問。

一個弟子站起身來，躬身答道：「佛陀，人們吃飯穿衣是為了滋養肉身，享盡天年的壽命呀！」

佛祖用清澈的雙眼環視著弟子們，沉靜的問道：「那麼，你們說說肉體生命究竟有多長久？」

「佛陀，有情眾生的生命平均起來有幾十年的長度。」一個弟子充滿自信的回答。

佛陀搖了搖頭說：「你並不瞭解生命的真諦。」

另一個弟子見狀，充滿肅穆的說道：「人類的生命如花草，春天萌芽發枝，燦爛似錦，冬天枯萎凋零，化為塵土。」

佛陀露出了讚許的微笑，「你能夠察覺到生命的短暫迅速，但是對佛法的瞭解，仍然限於表面。」

又聽得一個無限悲愴的聲音說道：「佛陀，我覺得生命就像浮游蟲一樣，早上才出生，晚上就死亡了，充其量只不過是一晝夜的時間！」

「喔！你對生命朝生暮死的現象能夠觀察入微，對佛法已經有了進入肌肉的認識，但還是不夠透徹。」

在佛陀的不斷否定、啟發下，弟子們的靈性越來越被激發起來，這時又有一個弟子站起來說道：「佛陀，其實人們的生命跟朝露沒有什麼兩樣，看起來不乏美麗，甚至有的時候是如此的淒美壯觀，但是只要陽光一照射，一眨眼的功夫它就蒸發消逝在這個空間而變得無影無蹤了。」

佛陀含笑不語，弟子們更加熱烈的討論起生命的長度來。這時，一個弟子站起身來，語驚四座地說道：「佛陀，依弟子看來，人命只在一呼一吸之間。」

語音一出，四座愕然。大家都凝神的看著佛陀，期待著佛陀的開示。

「嗯，說得好！」佛陀終於滿意的笑了。

一念之轉

人命的長度，就是一呼一吸之間。只有這樣認識生命，才能真正感受生命的精髓。古人說：「少壯不努力，老大徒傷悲。」我們千萬不要懈怠放逸，以為生命很長，明日復明日的活下去，像露水有一瞬，像浮游有一晝夜，像花草有一季。其實生命只有一呼一吸這樣的短暫呀！我們應該好好的珍惜自己所擁有的一切，把握生命的每一分鐘，每一時刻，勤奮不已，自強不息。

02 沒有可以主宰吉凶的東西

一位修行僧來到施主家，見對方正用楊枝漱口，並把牛黃塗在前額，頭頂戴著貝殼，手拿毗勒果高高舉起，然後貼在額上，態度非常恭敬。

修行僧看見他如此怪樣，不解的詢問：「你到底在幹什麼？」

施主得意地說：「我要扮吉相。」

「扮吉相能得到什麼好處呢？」僧人追問。

「這樣必能得到巨大的功德。譬如該死的，得以存活；被捆綁著的，得以解脫；挨打的，能被寬恕等等，不勝枚舉。」

聽到施主如此無知的話，修行僧笑道：「倘若扮作吉相，就能獲得這些福利，那真不錯。可是這牛黃是從哪裡來的？」

「牛黃是從牛的胸腔中取出的。」施主說。

「如果塗上這牛黃，就可以得到吉祥和福報，那麼，牛為什麼反而被人用繩子、鏈子穿透鼻孔，被迫去拖車，被人騎乘，而且還要忍受鞭策、飢渴和疲勞的煎熬呢？」

「牛的確是過這樣的生活。」施主點頭應允。

「牛自身擁有吉祥的牛黃，卻不能解救自己所受的困苦，這又是為什麼呢？」

修行僧見施主仍然迷惑，進一步開解說：「牛的胸前都是牛黃，尚且不能解救自己的苦痛，你只是在額上擦些牛黃，又怎能解救自身的困境呢？」

施主聽完和尚的教訓，覺得有道理，也就默不做聲了。

修行僧又問他：「這種雪白的硬物，又能吹出聲音的東西，到底是什麼？它是從哪裡來的？」

「這是從海裡湧出來的貝殼。」施主回答。

僧人解說道：「它顯然是被海浪遺棄在陸地上，又被烈日炙曬，才窒息而死的。倘若如此，怎能說是吉相呢？那條蟲跟貝一塊兒生活，晝夜都藏在貝殼裡。但當它死去的時候，貝殼尚且救不了它，你現在只是暫時戴上了貝殼，又如何救得了你的不吉呢？」

施主一聽，唯唯點頭，默默不語。

修行僧知道自己的話已經打動對方的心坎，是該救他的時候了，便繼續說：「世人把它看成歡喜丸，非常重視的那個東西是什麼？」

「那是毗勒果啊！」施主說。

「毗勒果是樹上的果實。人要得到它時，先用石頭投擲，毗勒果和樹枝就一塊兒墜地。因為有果實存在，樹枝和葉子才會被打落下來。」

「的確如此。」

「如此看來，你有了它，又有何吉相可言呢？果實雖然生長在樹上，自身無法守住這棵樹。有人投擲要取它時，樹枝和樹葉同時墮落，又被做成柴薪燃燒而不能自救，怎麼又能保護得了人類呢？」

修行僧一番誠懇的話，解開了施主心頭的迷惑。他終於明白，這世上根本沒有一個外在的可以主宰吉凶的東西。

一念之轉

世上沒有一個外在的可以主宰吉凶的東西。成功掌握在自己手中，失敗也掌握在自己手中。在生活中，充分發揮自身的能動作用，努力向上，奮發圖強，追求自強自立，才能保護自己，進而實現各種理想；如果把希望完全寄托在別人身上，自己不付出必要的努力，最終難免會失望。

03 只剩下七天生命的小沙彌

有一位叫阿羅漢的師父，一天在禪定中知道自己疼愛的小徒弟只剩七天的生命，心想：「這麼乖巧的孩子怎麼只剩下七天的生命呢？真是太不幸了！不可以將真相告訴他，他小小年紀，怎麼承受得了這樣的打擊呢？」

第二天，阿羅漢把小沙彌叫到跟前說：「孩子，你已好久沒有回家看望父母了，收拾行李回去和父母聚一聚吧！」

不知情的小沙彌雖然感覺到師父的異樣，但是仍然高高興興的拜別了師父回家去了。

日子一天一天的過去。過了七天，小沙彌還沒有回來，雖然是斷了煩惱的阿羅漢，也難免為小徒弟的不幸遭遇而悵然傷感。當他心中正在為再也見不到徒弟而鬱鬱不樂時，小沙彌突然平平安安的回來了。

阿羅漢大為驚訝，牽著小沙彌的手上下打量著他問：「你怎麼好好的回來了？你遇到什麼事了嗎？」

「沒有呀！」小沙彌迷惑地搖頭回答。

「你仔細想想看，有沒有看到什麼？做過什麼？」師父追問。

「噢，我想起來了。回家的途中，我經過一個池塘，看到一團螞蟻被困在水中。我撿了一片葉子，把牠們救上了岸。」小沙彌如實的回答，烏黑的眸子散發著喜悅的光芒。

師父聽了之後，再次入定觀看徒弟的命運：這個孩子不但去除了夭壽之相，並且有百年的壽命。

小沙彌的一念慈悲，不但救了螞蟻的性命，也改變自己的命運。

一念之轉

只要掌握了無上的智慧，付出了必要的努力，就沒有什麼能阻礙你。人生在世，誰都會經歷波折、災難，內心都會有憂慮、恐慌，但如果善在我們心中，命運就不會拋棄我們。明白這個道理，人生就找到了一條光明大路。

04 「等以後再說」的態度要不得

佛經上有一則「金丸打雀」的故事。一個大富翁的兒子喜歡用黃金鑄造的彈丸去打鳥狩獵，許多人無不認為這是極端奢侈浪費，毫無意義和價值的一種愚癡行為。然而一般人卻不知道自己也經常犯有「金丸打雀」的錯誤。

我們知道，人間最寶貴的並不是黃金鈔房地產，也不是名利地位權勢，而是生命和時間。因為前者如果失去了我們還有機會賺回來，但是後者一旦失去便永遠無法挽回，縱然有再多的財富，再大的權勢，也無法使過去的加以復返。因此生命和時間是我們最應當珍貴愛惜的寶貝。然而一般的眾生卻很少能夠愛惜時間，反而日復一日，經年累月的隨意浪費和虛擲，完全不知道應早日清醒，做一些有益社會眾生的事，實在令人十分惋惜。

陶淵明曾經為此寫了一首令人警惕的詩：「盛年不再來，一日難再晨，及時宜自勉，歲月不待人。」普賢菩薩亦常常用一句偈來提醒生命的可貴：「是日已過，命亦隨減，如少水魚，斯有何樂。」

圓瑛法師曾向弟子勉勵，修行一定要趁年輕的時候，他說：「莫待老來方學道，孤墳多是少年人。此身不向今生度，更向何生度此身？」

據說印光法師在自己的精舍從不掛佛像，只掛一個很大的「死」字，目的在時時警惕自己，一定要認真修行，不可浪費時光；否則，一旦無常來臨，就要後悔莫及。

有一位法師常常提醒弟子說：「世界上有兩件事不能等，一定要趕快去做：第一個便是孝順，第二個是行善。」許多人都認為現在父母健康還好，來日方長，以後再來孝順不遲。此外又常常認為自己現在能力還有限，等到將來賺了大錢再來回饋社會，幫助別人。其實這種「等以後再說」的態度，往往會令人後悔莫及。

一念之轉

我們應當把握現在當下的時刻立即開始去做，去實踐。倘能如此，則我們的生活才會充滿收穫和喜悅，我們的生命才可能脫胎換骨，「立地成佛」。倘不如此，凡事蹉跎猶豫，則「天有不測風雲，人有旦夕禍福」，一旦無常來到，那麼就必然要悔之已晚，抱憾終身了。

05 四種馬和四種不同的眾生

一天，釋迦牟尼佛坐在王捨城的竹林精舍裡，出去托缽的弟子們陸陸續續的回到精舍，一個個威儀具足，神態安詳。

弟子們靜靜的走到水池旁邊，洗去沾在腳踝上的塵土，然後端端正正的坐在坐具上，等待佛陀的開示。

佛陀結金剛座，慈祥的說：「世界上有四種馬：第一種是良馬，主人為牠配上馬鞍，套上轡頭，牠能日行千里，快速如流星。尤其可貴的是，當主人一揚起鞭子，牠一見到鞭影，便知道主人的心意，遲速緩急，前進後退，都能夠揣度得恰到好處，不差毫釐。堪是能夠明察秋毫的第一等良馬。

「第二種是好馬，當主人的鞭子抽過來的時候，牠看到鞭影不能馬上警覺。但是等鞭子掃到了馬尾的毛端時，牠也能知道主人的意思，奔馳飛躍，也算得上是反應靈敏、矯健善走的好馬。

「第三種是庸馬，不管主人多少次揚起鞭子，牠見到鞭影不但毫無反應，甚至皮鞭如雨點地抽打在皮毛上，都無動於衷，反映遲鈍。等到主人動了怒氣鞭棍交加打在牠的肉軀上，牠才能開始察覺，順著主人的命令奔跑，這是後知後覺的庸馬。

「第四種是駑馬，主人揚鞭之時，牠視若未睹；鞭棍抽打在皮肉上仍毫無知覺；直至主人盛怒之極，雙腿夾緊馬鞍兩側的鐵錐，霎時痛刺骨髓，皮肉潰爛，牠才如夢方醒，放足狂奔。這是愚劣無知，冥頑不化的駑馬。」

佛陀說到這裡，突然停頓下來，眼光柔和的掃視著眾弟子。看到弟子們聚精會神的樣子，心裡非常滿意，繼續用莊嚴而平和的聲音說：「弟子們！這四種馬好比四種不同的眾生。

「第一種人聽聞世間有無常變異的現象，生命有殞落生滅的情境，便能悚然警惕，奮起精進，努力創造嶄新的生命。好比第一等良馬，看到鞭影就知道向前奔跑，不必等到死亡的鞭子抽打在身上，而喪身失命後悔莫及。

「第二種人看到世間的花開花落，月圓月缺看到生命的起起落落，無常侵逼，也能及時鞭策自己，不敢懈怠。好比第二等好馬。鞭子才打在皮毛上，便知道放足馳騁。

「第三種人看到自己的親朋好友經歷死亡的煎熬。肉身壞滅，看到顛沛困頓的人生，目睹骨肉離別的痛苦，才開始憂怖驚懼，善待生命。好比第三等庸馬，非要受到鞭杖的切膚之痛才能幡然省悟。

「而第四種人當自己病魔侵身，四大離散。如風前殘燭的時候，才悔恨當初沒有及時努力，在世上空走了一回。好比第四等駑馬，受到徹骨徹髓的劇痛，才知道奔跑。然而，一切都為時過晚了。」

一念之轉

世事本無常，自然界的花開花落，人世的生離死別，都是無法逆轉的自然規律。我們應該經常提醒自己要勇猛精進，不能等到四大離散之時再去後悔人生的虛度。古人說：「莫等閒，白了少年頭，空悲切。」在我們年輕的時候，我們就要養成努力行動的習慣。不管條件多麼艱苦，我們都要堅持不懈的去努力。腳踏實地的去行動才能有所成就。

06 不可辜負了大好時光

有位年輕的流浪漢倚靠著一棵樹曬太陽，他衣衫襤褸，神情萎靡，不時有氣無力的打著哈欠。明慧大師從此經過，好奇的問道：「年輕人，如此好的陽光，如此難得的季節，你不去做你該做的事，懶懶散散地曬太陽，豈不辜負了大好時光？」

「唉——」流浪漢歎了一口氣說：「在這個世界上，除了我自己的軀殼外，我一無所有。我又何必去費心費力的做什麼事呢？每天曬曬我的軀殼，就是我做的所有事了。」

「你沒有家？」

「沒有。與其承擔家庭的負累，不如乾脆沒有。」流浪漢說。

「你沒有你的所愛？」

「沒有，與其愛過之後便是恨，不如乾脆不去愛。」

「沒有朋友？」

「沒有。與其得到還會失去，不如乾脆沒有朋友。」

「你不想去賺錢？」

「不想。千金得來還復去，何必勞心費神動軀體？」

「噢，」明慧大師若有所思，「看來我得趕快幫你找根繩子。」

「找繩子？幹嘛？」流浪漢好奇地問。

「幫你自縊！」

「自縊？你叫我死！」流浪漢驚詫了。

「對。人有生就有死，與其生了還會死去，不如乾脆就不出生。你的存在，本身就是多餘的，自縊而死，不是正合你的邏輯嗎？」

流浪漢無言以對。

一念之轉

在生活中，一個人不能沒有追求，滿足於碌碌無為的混日子；更不可產生消極避世的思想。只有樹立遠大的志向，不斷去努力和拚搏，才能體會到生活的意義，實現人生的價值。

07 兩塊不同命運的石頭

一座即將落成的佛寺，要雕一尊本師釋迦牟尼佛像。雕刻師找來了兩塊非常有靈性的大石頭。兩塊石頭質地差不多，但是其中有一塊略為好一點，所以就拿這塊較好的石頭先刻。

在雕刻的過程中，石頭常常抱怨：「痛死我了，你快住手吧！我不想讓你刻了。」

雕刻師就好言相勸：「你再忍一下，再過兩個星期就好了，你能忍得下來，你將成為萬人膜拜的釋迦牟尼佛像。」

它一聽：「好吧，我再忍兩天。」

結果在這兩天中，它還是拚命的喊叫，喊得雕刻師的心都快碎了，最後只好說：「好吧，那你就先歇一會兒。」說完，就把它放在一旁，然後就對另外一顆石頭說：「我現在要雕塑你，你可不能喊痛。」

這顆石頭說：「我絕對一聲都不吭，你大可放手來雕塑，來磨煉我。」

雕刻師因為受第一顆石頭的影響，一邊雕一邊問它會不會痛，可是，第二顆石頭沒有任何怨言。

兩個星期終於過去了，雕出非常莊嚴的本師釋迦牟尼佛像，因為雕得很莊嚴，所以萬人統統來膜拜。

結果，因為來膜拜的人太多了，踩得地上塵土飛揚，必須想辦法。看看旁邊還有第一顆大石頭，就把它打碎鋪在地上。這樣，第二顆石頭成為萬人膜拜的佛像，而第一顆石頭成為萬人踐踏的碎石。

一念之轉

一個人假如不願意自立自強，就會落得被人輕視；一個人真正有志氣，不斷鍾煉自己，就會贏得身旁人對他的恭敬和愛戴。

08 最重要的是瞭解自性

香林澄遠禪師把悟得禪理、求得解脫看作是識見自性。有一天他在法堂上對弟子們說：「你們都是頂天立地的漢子，是否識得自性？不妨站出來說說看。」眾人面面相覷，無人回答。

禪師說：「既然不識自性，即使走南闖北，雲遊四方，也不過是行屍走肉而已。平常你們在衣食住行之間，就沒有悟到什麼是自性？」眾弟子還是默不做聲。

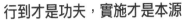

禪師見依然無人回答，便繼續開示道：「你們整日高談，自性始終不生不滅，亦無高下醜惡之分，可知自性究竟在何方？如果你們知其下落，也就知道了諸佛解脫之法門。如此一來，就會悟道見性，知道自己乃是生命之唯一主人，就能始終不疑慮，言行理直氣壯，任何人都對你奈何不得。好比買田必得契約，無契約則田地不能歸屬於你。無憑無據，田地終究被人奪去。所以參禪學法亦是如此，必定要有自在之心。你們誰有契約？拿來我看。」

說完注視著眾僧，依然無人做答。

香林又繼續說下去：「不瞭解自性，即使學會各種理論，滔滔不絕，口若懸河，也不過是鸚鵡學舌，亦步亦趨。」

一念之轉

自性一定要自度，才能擺脫整個世間的有形與無形的苦。不僅要發現自我，而且必須充分的重視自我，確立自我在生活中的主體作用，認識自己與周圍世界的關係，認識自己在人群中應有的適當位置，才能根據自身特點更好的發展自我。

09 你願做燭火還是太陽

一心大師剛剃度的時候，在法門寺修行。法門寺是個香火鼎盛、香客絡繹不絕的名寺，每天晨鐘暮鼓，香客如流。一心想靜下心神，潛心修身，但法門寺法事應酬太繁，自己雖青燈黃卷苦苦習經多年，但談經論道起來，自己遠不如寺裡的許多僧人。

有人勸一心說：「法門寺是個譽滿天下的名寺，水深龍多，納集了天下的許多名僧。你若想在僧侶中出人頭地，不如到一些偏僻小寺中閱經讀卷，這樣，你的才華便會很快光芒迸露了。」

一心自忖良久，覺得這話很對，便決意辭別師父，離開這喧喧嚷嚷、高僧濟濟的法門寺，尋一個偏僻冷落的深山小寺去。於是，一心就打點了經卷、包裹，去向方丈辭行。

方丈明白一心的意圖後，問他：「燭火和太陽哪個比較亮？」

一心說：「當然是太陽了。」

方丈說：「你願做燭火還是太陽呢？」

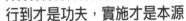

一心不假思索的回答道：「我當然願做太陽！」

方丈微微一笑說：「我們到寺後的林子去走走吧！」

法門寺後是一片鬱鬱蔥蔥的松林。方丈將一心帶到不遠處的一個山頭上，這座山頭上樹木稀疏，只有一些灌木和零星的三兩棵松樹，方丈指著其中最高大的一棵說：「這棵樹是這裡最大最高的，可是它能做什麼呢？」

一心圍著樹看了看，這棵松樹亂枝縱橫，樹幹又短又扭曲，便說：「它只能做煮粥的劈柴。」

方丈又信步帶一心到那一片鬱鬱蔥蔥密密匝匝的林子中去，林子遮天蔽日，棵棵松樹秀頎、挺拔。方丈問道：「為什麼這裡的松樹每一棵都這麼修長、挺直呢？」

一心說：「都是為了爭著承接天上的陽光吧！」

方丈鄭重地說：「這些樹就像芸芸眾生啊，它們長在一起，就是一個群體，為了一縷的陽光，為了一滴的雨露，它們都奮力向上生長，於是它們棵棵可能成為棟樑。而那遠離群體零零星星的三、兩棵，一團一團的陽光是它們的，許許多多的雨露是它們的，在灌木中它們鶴立雞群。沒有樹和它們競爭，所以，它們就成了薪柴啊！」

一心聽了，思索了一會兒，慚愧的說：「法門寺就是這一片茫茫蒼蒼的大林子，而山野小寺就是那棵遠離樹林的樹了。方丈，我不會再離開法門寺了！」

在法門寺這片森林裡，一心苦心潛修，後來，終於成為一代名僧。

一念之轉

如果說佛經是教人認識這個世界，那麼佛法實踐則是積極向上的一條人生之路。所以，修行不是脫離現實，而是要在世間對境練心，做心地功夫。教世人學會保持樂觀的態度，去除悲觀、失望、沮喪的不健康心理。對於世俗的人來說，為了成就大的事業，就要努力提高自己的能力，敢於競爭，善於競爭，而不能故步自封，消極避世。

10 無名就是不斷的盡心做事

從前有座山，山後有座廟，廟裡有個小和尚。山叫無量山，廟叫無音廟，小和尚叫無名和尚。

這無名和尚，別看年齡小，在無音廟裡的輩分卻不低，據說曾得到佛祖的指點。

無名和尚很小的時候，就在無量山的前坡放牛，每天騎在牛背上，唱著小調，樂得自由自在。突然有一天，遇到一個紫色臉膛的白眉羅漢，用手指著他問：「小孩，你叫什麼名字？」

放牛郎搖了搖頭。

白眉羅漢來到他的近前，對他說：「我看你相貌奇異，悟性一定不差，想給你起個法號，也算你的名字了，好嗎？」

放牛郎點了點頭，那白眉羅漢就說：「你就叫無名吧！我送你一個藍色寶盒，你想得到什麼就能得到什麼。」說完，就一溜煙不見了。

無名醒過神來，手上已經握著一個閃閃發光的藍色寶盒。

他很想試一試寶盒的魔力，就說：「寶盒，我想吃一頓美味的野餐，可以嗎？」

一道藍色光環，像飄擺的綢緞，藍色寶盒自動飛到綢緞的盡頭，落在前邊不遠處的草地上。

小無名急忙從牛背上爬了下來，追到藍色寶盒的跟前一看：呀！這麼多的好吃的，還冒著熱氣呢！

小無名悠哉的吃了一頓，直吃到太陽快要落山的時候，肚子已撐得挺不起腰來。

他慢慢從地上爬起來，望了望那邊山凹中的茅草窩。他從小就沒了爹娘，每天就在那個茅草窩睡覺。颳風下雨的時候，又濕又冷。他想有個堅固的漂亮點的房子，就對藍色寶盒說：「兄弟，你還是再辛苦一下吧，我想有個房子。」

藍色寶盒從地上飄了起來，貼著草尖緩緩地向前邊飛過。一條小路的盡頭，立刻呈現了一座漂亮的屋舍，左右兩邊還各有一個大大的牛棚。

小無名立刻歡跳著進了自己的家，紅磚綠瓦，非常的氣派和漂亮。

小無名將牛群趕進牛棚，天色已晚，他來到臥室，躺在柔軟舒服的鵝毛墊上就迷迷糊糊的睡著了。

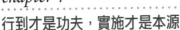

迷糊中，只見白眉羅漢來到他的床前，對他說：「無名，你切要記著：要善用寶盒，盡快醒悟成功的意義，不然，你就會喪失已經擁有的一切。」

第二天早上醒來，小無名急忙尋找藍色寶盒，卻發現它就在枕頭旁邊。

他拿著寶盒說：「兄弟，昨天晚上，我做了個夢，白眉老師傅要我盡快領悟成功的意義，你能說話嗎？能告訴我嗎？」

藍色寶盒閃過一片藍色的光環，一張圖畫飄到床頭，上邊什麼也沒有，只畫了一個人在田間正低頭播種著什麼。

小無名想了想，還是不很明白。

藍色寶盒又閃過一片藍色的光環，又一張圖畫飄到床頭，小無名急忙展開一看：一條彎彎的沒有盡頭的大道上，一個小孩，一個小伙子還有一個老頭正專心地朝前走著。

小無名似乎明白，又似乎不明白，他來回看著這兩張圖，臉上還是掛著疑惑。

「我想長大成人！懂得許多的問題。」小無名急了。

突然之間，小無名成了一個英俊的青年。

「我想有個漂亮的媳婦！」

藍色寶盒開始忙的吱哇吱哇地叫，不過藍色光環處，還是出現了一位絕代的佳人，正嫵媚的朝著無名笑呢！無名高興了，藍色寶盒終於能休息一會兒了。

從此，無名帶著他漂亮的媳婦，來到草地，一起放牛，一起歡歌，日子過的無比快樂。就這麼過了一個多月，無名沒有再去想哪個煩人的問題：什麼是成功的意義，管他做什麼？很快就到了雨季，一連幾天的連陰雨，堵了門，無名沒法再出去放牛了。

他躺在床上，突然想到冬天牛群吃的草還沒貯備呢！

他轉頭就對藍色寶盒說：「兄弟，我再求你一次，你想個辦法，讓我不用再操心，不用再勞累，不用再做事，好嗎？」

奇怪，這次寶盒居然沒有搭理他，他拍了寶盒一下：「聽見了沒有！兄弟。」

藍色寶盒終於開口說話了：「聽見了，但你從現在開始，就不再是我的主人了！」

「為什麼？」

「因為無名就是不斷的盡心做事，你這樣想，當然就不是無名了，也當然就不是我的主人了。」

「不！不！我還要當無名！兄弟，你不要走啊，不要離開我！」

「你想重新成為無名，就必須到後坡的無音廟修身養性三百年，再好好的醒悟成功的真諦，到時候我還會來的。」

眨眼之間，藍色寶盒消失了，漂亮的媳婦也消失了，房屋也消失了……

第二天，無量山的無音廟多了個和尚，名字叫無名。

一念之轉

坐享其成是人性的弱點，更是人性的劣根，很多人在取得一點點成就之後，不是乘勝追擊，借助良好的外界條件努力創造更偉大的事業，而是驕傲自滿，忘乎所以，將自身的優勢消失殆盡，最終失敗。

11 生辰八字一樣的兩個孩子

清代初期，有一年正值趕考時節，一位秀才欲赴省城大考，偏偏在這個時候，大肚子的妻子隨時可能臨盆。秀才心想：留她一人在家，萬一要臨盆，沒人照應到時候可能要一屍兩命；再者也影響自己考試的心情。於是，他便帶著妻子同行，希望能趕到省城之後才生產。

一路旅途勞頓，也不知是動了胎氣還是孩子急著想早一刻出來，妻子竟在半途肚子痛了起來，眼看就要生產了。

沿途住家稀少，勉強前行了一段路，才找到一處人家，秀才急忙上前敲門。這戶人家以殺豬為生，剛巧屠夫的老婆也正要生產。算來也是秀才的運氣好，現成的接生婆正好順道幫妻子接生。

過不多時，秀才的妻子和屠夫的老婆安然產下了兩個兒子，母子俱皆平安。兩個男嬰算來竟是同年同日且同一時辰生下的。

一轉眼，十六年過去了。秀才和屠夫的兒子都長大了，秀才的兒子繼承了父業，考上了秀才。老秀才大喜之餘，想起屠夫的兒子與自己的秀才兒子的生辰八字相同，想來此時必定也是個秀才了。

回想當年收容妻子臨盆之恩，秀才便準備了四色禮物，專程趕往屠夫家中，欲向他道賀兒子高中之喜，等到了屠夫家中，只見老屠夫坐在門兒口吸著旱煙，屋內一個年輕後生，正忙著殺豬。秀才將禮物呈上，並問老屠夫的兒子哪裡去了。老屠夫指了指門內，說道：「喏，不就在那兒，哪裡也有沒去啊！」

秀才詫異道：「是他，這可奇怪了，按命理說來，你兒子和我兒子生辰時刻相同，八字也一樣，理應此時也該是個秀才才是，怎麼會……」

屠夫大笑：「什麼秀才，這小子從小跟著我殺豬，大字也不識一個，拿什麼去考秀才啊！」

一念之轉

每個人的命運都是他自己所造成的，每個人都是自己命運的建築師，因為「心」是命運的主人。要想改變自己的命運，只有先改變生存的環境。如果你真的無法改變環境，至少你要改變心境，這樣才能改變自己的命運。

12 穿越沙漠的三個商人

從前，有三個商人騎著駱駝相伴著穿越沙漠，前去遙遠的西域進貨賺錢。當他們正蹚過一條乾涸的河床時，陰影中傳來一個低沉的聲音：「停步！」他們順從地停了下來。

那個聲音繼續吩咐道：「從駱駝上下來，揀上小石頭裝滿你的袋子。」三個商人照做不誤。然後，那個聲音又說：「做得好，你們可以騎著駱駝繼續前進了。明天旭日東昇時，你們會又高興又悲傷的。」

三個商人繼續騎著駱駝前行，邊走邊納悶，怎麼可能同時又高興又悲傷呢？其中有個商人就開口了：「我怎麼也想不通，在這沙漠之中能有什麼事比見著河床卻沒有水，能先高興後悲傷還糟糕的事，你們知道嗎？」另外兩人同時搖搖頭。

沙漠的炎日和熱風把三個商人眾多的貪慾都磨滅了不少。面對生存的挑戰，他們對水的關注和渴望，超過了其他所有的東西，甚至是平常最愛的鑽石。他們很快就覺得袋子裡的小石頭越來越重。他們想甩掉累贅，又怕違背了神祕的指令會惹來殺身之禍。

他們悄悄商量的結果，決定丟棄袋子中大部分的石頭。這樣既遵行了那個神祕的指令，又使自己的旅途輕省了許多。

直到第二天日出，一切平安無事。三個商人不由得為沙漠中那個英明的決定感到萬分得意。可當他們打開駱駝背上的布袋時，全都傻了眼了！

原來，那剩下的幾顆小石頭竟然變成了鑽石、瑪瑙和紫晶！

他們高興極了，意外的財富！然而，他們又後悔極了！——當他們想到那些丟棄了的石頭時。

一念之轉

人生中，抓住機遇並且成功的人，不算很多；但終生沒有遇到機遇的人，又的確很少。在現實中，有許多落魄的人，都會講到自己當年如何如何的放棄了絕好的機會，要不然的話，自己會怎樣怎樣的。

機遇常在，而識別機遇和把握機遇的智慧卻不常有。所以，不成功的人永遠比成功的人要多得多。機遇對主動者就是成功的火種，對被動者可能就是多餘的塵埃。

13 一個水瓶和一個飯缽就足夠了

有兩個和尚，一個很貧窮，一個很富有。

有一天，窮和尚對富和尚說：「我打算去一趟南海，你覺得怎麼樣呢？」

富和尚不敢相信自己的耳朵，認真的打量一番窮和尚，禁不住大笑起來。

窮和尚莫名其妙的問：「怎麼了？」

富和尚問：「我沒有聽錯吧！你也想去南海？可是，你要怎麼去南海啊？」

窮和尚說：「一個水瓶、一個飯缽就足夠了。」

富和尚大笑，說：「去南海來回好幾千里路，路上的艱難險阻多得很，可不是鬧著玩的。我幾年前就開始做準備去南海，等我準備充足的糧食、醫藥、用具，再買上一條大船，找幾個水手和保鏢，就可以去南海了。你就憑一個水瓶、一個飯缽怎麼可能去南海呢？還是算了吧，別做白日夢了。」

窮和尚不再與富和尚爭執，第二天就隻身踏上了去南海的路。他遇到有水的地方就盛上一瓶水，遇到有人家的地方就去化齋，一路上嘗盡了各種艱難困苦，很多次，他都被餓暈、凍僵、摔倒。但是，他一點也沒想到過放棄，始終向著南海前進。很快，一年過去了，窮和尚終於到達了夢想的聖地：南海。

兩年後，窮和尚從南海歸來，還是帶著一個水瓶、一個飯缽。窮和尚由於在南海學習了許多知識，回到寺廟後成為一個德高望重的和尚了。而那個富和尚還在為去南海做各種準備工作呢！

一念之轉

做什麼事都要勇於付出行動，不付出行動，即使有再好的設想，我們也只會停留在原地。所以，當我們打算要做一件事的時候，一旦具備了一定的基本條件，就要立即行動，不要等萬事俱備的時候才開始實施。否則，再好的設想也不會變成現實。

14 你還不是一顆珍珠

有一個年輕人，自以為是全才，但畢業以後卻屢次碰壁，一直找不到理想的工作。他覺得自己懷才不遇，對社會感到非常失望，因為他感到是因為沒有伯樂來賞識他這匹「千里馬」。

痛苦絕望之下，他來到大海邊，打算就此結束自己的生命。在他正要自殺的時候，正好有一個老僧從這裡走過，救了他。老僧就問他為什麼要走絕路，他說自己不能得到別人和社會的認可，沒有人欣賞並且重用他……

老僧從腳下的沙灘上撿起一粒沙子，讓年輕人看了看，然後就隨便的撒在了地上，對年輕人說：「請你把我剛才撒在地上的那粒沙子撿起來。」

「這根本不可能！」年輕人說。

老僧沒有說話，接著從自己的口袋裡掏了一顆晶瑩剔透的珍珠，也是隨便地撒在了地上，然後對年輕人說：「你能不能把這個珍珠撿起來呢？」

「這當然可以！」

「那你就應該明白是為什麼了吧？你應該知道，現在自己還不是一顆珍珠，所以你不能苛求別人立即承認你。如果要別人承認，那你就要由沙子變成一顆珍珠才行。」

年輕人幡然醒悟。

一念之轉

很多時候，我們之所以得不到別人的認可，是因為我們只是一顆普通的沙粒，而不是價值連城的珍珠。所以，若要使自己得到別人的賞識，那你就要努力提高自己的能力，使自己成為一顆珍珠。

15 沖茶中的人生哲學

一個屢屢失意的年輕人千里迢迢來到了普濟寺，慕名尋到了老僧釋圓。年輕人沮喪的對釋圓說：「像我這樣屢屢失意的人，活著也是苟且，還有什麼用呢？」

老僧釋圓如入定般坐著，靜靜聽著這位年輕人的歎息和絮叨，也不搭話，只是吩咐小和尚說：「施主遠道而來，燒一壺溫水送過來。」小和尚諾諾著去了。

稍頃，小和尚送來了一壺溫水，釋圓老僧抓了一把茶葉放進杯子裡，然後用溫水沏了，放在年輕人面前的茶几上，微微一笑說：「施主，請用些茶。」年輕人俯首看看杯子，只見杯子裡微微的裊出幾縷水氣，那些茶葉靜靜的浮著。

年輕人不解的詢問釋圓：「貴寺怎麼用溫水沖茶？」

釋圓微笑不答，只是示意年輕人說：「施主請用茶吧！」年輕人只好端起杯子，輕輕呷了兩口。釋圓說：「請問施主，這茶可香？」

年輕人又呷了兩口，細細品了又品，搖搖頭說：「這是什麼茶？一點兒茶香也沒有呀！」

釋圓笑笑說：「這是閩浙名茶鐵觀音啊，怎麼會沒有茶香？」

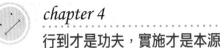

年輕人聽說是上乘的鐵觀音，又忙端起杯子吹開浮著的茶葉呷了兩口，又再三細細品味，還是放下杯子肯定地說：「真的沒有一絲茶香。」

老僧釋圓微微一笑，吩咐小和尚說：「再去膳房燒一壺沸水送過來。」小和尚又諾諾著去了。

稍頃，小和尚便提來一壺壺嘴吱吱吐著濃濃白氣的沸水，釋圓起身，又取了一個杯子，撮了把茶葉放進去，稍稍朝杯子裡注些沸水。年輕人俯首去看杯中的茶，只見那些茶葉在杯子裡上上下下的沉浮。隨著茶葉的沉浮，一絲細微的清香從杯子裡溢出來。

聞著那清清的茶香，年輕人禁不住去端那杯子，釋圓微微一笑說：「施主稍候。」一說著便提起水壺朝杯子裡又注了一縷沸水。

年輕人再俯首看杯子，見那些茶葉翻騰得更加厲害了。同時，一縷更醇、更醉人的茶香裊裊地升騰出杯子，在禪房裡輕輕的瀰漫著。釋圓如是注了五次水，杯子終於滿了，那綠綠的一杯水，沁得滿屋子津津生香。

釋圓笑著問道：「施主可知道同樣是鐵觀音，卻為什麼茶味迥異嗎？」

年輕人思忖說：「一杯用溫水沖沏，一杯用沸水沖沏，用水不同吧！」

釋圓笑笑說：「用水不同，則茶葉的沉浮就不同。用溫水沏的茶，茶葉就輕輕的浮在水上，沒有沉浮，茶葉怎麼會散逸它的清香呢？而用沸水沖沏的茶，沖沏了一次又一次，茶葉沉了又浮，浮了又沉，沉沉浮浮，茶葉就釋放出了它春雨的清幽、夏陽的熾烈、秋風的醇厚、冬霜的清冽。」

一念之轉

不經歷風雨怎能見彩虹，生命的光彩只有經歷過滄桑才能彰顯出來。浮生若茶，那些不經風雨的人，平平靜靜生活，就像溫水沏的淡茶安穩的懸浮著，永遠都無法讓人領略到他的真味，而那些飽經滄桑、在風風雨雨的歲月中沉沉浮浮的人，就像被沸水沏了一次又一次的釅茶，終將溢出他們生命的脈脈清香。

16 插秧的祕訣

一天，上完早課後禪師領著一群小弟子們去插秧。小弟子們都沒有插過秧，就學著師父的樣子爭先恐後的忙活起來，但是他們插的秧苗彎彎曲曲，而禪師插出來的秧苗是一條直線。

弟子們大惑不解：「師父，我們都是學著您的樣子做的，為什麼您插的秧苗都那麼整齊，就像繩子量過一樣直，您是不是有什麼祕訣啊？」

禪師笑著說：「祕訣很簡單，插秧的時候眼睛盯著一樣東西就行了。」

弟子們都暗暗點頭，馬上又忙活起來，但這次插的秧苗，竟然變成了一道彎曲的弧線。

「師父，我們照您說的做了，但還是不能插成直線。」

「你們是按我說的一直盯著一樣東西嗎？」

「是啊，我們一直盯著田邊的水牛，那可是一個顯眼的大目標啊。」

「水牛邊吃草邊走，你們盯著牠插秧，牠不停的移動，你們怎麼可能插直？要盯緊不動的目標才行。瞧，師父我就是一直盯著那棵大樹插秧的。」

弟子們按照師父的指點再做一次，果然插出來的秧苗也跟繩子量過一樣直了。

一念之轉

秧苗能不能插得筆直，不在於你有多大的力氣，而是看你有沒有找到一個可以讓你走得筆直的目標。人生和插秧是一樣的道理，人生的路能不能走好，自身的能力是一方面，目標同樣不可或缺。只有有了明確的目標，才能不走錯路，少走冤枉路。

17 心量有大小

恆遠禪師智慧高深。有一次，一位信者問恆遠禪師道：「你說，同樣是一顆心，為什麼心量有大小的分別？」

禪師並未直接作答，他告訴信者道：「請你將眼睛閉起來，默造一座城垣。」

於是信者閉目冥思，心中構想了一座城垣。

信者：「城垣造完了。」

禪師：「請你再閉眼默造一根毫毛。」

信者又同樣在心中造了一根毫毛。

信者：「毫毛造完了。」

禪師：「當你造城垣時，是只用你一個人的心去造，還是借用別人的心共同去造的呢？」

信者：「只用我一個人的心去造。」

禪師：「當你造毫毛時，是用你全部的心去造，還是只用了一部分的心去造？」

信者：「用全部的心去造。」

於是禪師就對信者開示道：「你造一座大的城垣，只用一個心；造一根小的毫毛，還是用一個心，可見你的心是能大能小啊！」

一念之轉

做事需要用心，但更要用全心。不論做任何事，都不能三心二意、心猿意馬、心浮氣噪。心無旁騖、全心全意的，盡自己最大的努力去做，事情就很容易成功。

18 水泡做花環

從前有一個國王，非常疼愛伶俐可愛的小公主，視她如掌上明珠，捨不得稍加訓責。凡是公主所要求的東西，國王從來不會拒絕，就是天上的星星，國王也恨不得攀登太空，為公主摘下來，點綴為綵衣。

公主在國王的呵護縱容下，慢慢成長為豆蔻年華的少女，漸漸懂得裝扮自己。有一天，春雨初霽的午後，公主帶著婢女徜徉於宮中花園，只見樹枝上的花朵，經過雨水的潤澤，花苞上掛著幾滴雨珠，顯得愈發的妖艷；蓊鬱的樹木，翠綠得逼人眼睛。

公主正在欣賞雨後的景致，忽然目光被荷花池中的奇觀所吸引住了。原來池水熱汽經過蒸發，正冒出一顆顆狀如琉璃珍珠的水泡，渾圓晶瑩，閃耀奪目。

公主入神忘我，突發異想：「如果把這些水泡串成花環，戴在頭髮上，一定美麗極了！」

公主打定主意後，便叫婢女把水泡撈上來，但是婢女的手一觸及水泡，水泡便破滅無影。折騰了半天，公主在池邊等得忿忿不悅，婢女在池裡撈得心急如焚。

公主終於氣憤難忍，一怒之下，便跑回宮中，把國王拉到池畔，對著一池閃閃發光的水泡說：「父王！您一向是最疼愛我的，我要什麼東西，您都依著我。女兒想要把池裡的水泡串成花環作為裝飾，您說好不好？」

「傻孩子！水泡雖然好看，終究是虛幻不實的東西，怎麼可能做成花環呢？父王另外給妳找珍珠水晶，一定比水泡還要美麗！」國王無限憐愛地看著女兒。

「不要！不要！我只要水泡花環，不要什麼珍珠水晶。如果您不給我，我也不想活了。」公主驕縱撒野的哭鬧著。

束手無策的國王只好把朝中的大臣們集合於花園，憂心忡忡的商議道：「各位大臣們！你們號稱是本國的奇工巧匠，你們之中如果有人能夠以奇異的技藝，以池中的水泡，為公主紡織美麗的花環，我便重重獎賞。」

「報告陛下！水泡剎那生滅，觸摸即破，怎麼能夠拿來做花環呢？」大臣們面面相覷，不知如何是好。

「哼！這麼簡單的事你們都無法辦到，我平日如何善待你們？如果無法滿足我女兒的心願，你們統統提頭來見。」國王盛怒的喝斥道。

沒辦法，大臣們只好去請來了一位寺廟的住持，據說他很有智慧。

住持說：「國王請息怒，我有辦法替公主做成花環。只是我老眼昏花，實在分不清楚水池中的泡沫，那一顆比較均勻圓滿，能否請公主親自挑選，交給我來編串。」

公主聽了，興高采烈的拿起瓢子，彎起腰身，認真的舀取自己中意的水泡。本來光彩閃爍的水泡，經公主輕輕一觸摸，霎時破滅，變為泡影。撈了老半天，公主一顆水泡也拿不起來。

睿智的住持慈藹的對一臉沮喪的公主說：「水泡本來就是生滅無常，不能常住久留的東西，如果把人生的希望建立在這種虛假不實、瞬間即逝的現象上，到頭來必然空無所得。」

一念之轉

每個人都有美麗的夢想，當有夢想的時候，很多人就不遺餘力的去努力實現它。遺憾的是，能實現夢想的人很少很少。沒有實現夢想的人，往往是因為這個夢想是虛幻的、脫離實際的。對於這樣的夢想而言，即使再努力，也是徒勞的。

19 挑水之道並不在於挑多

有一位武術大師隱居於山林中。

聽到他的名聲，人們都千里迢迢來尋找他，想跟他學些練武方面的竅門。

他們到達深山的時候，發現大師正從山谷裡挑水。

他挑得不多，兩個木桶裡的水都沒有裝滿。按他們的想像，大師應該能夠挑很大的桶，而且挑得滿滿的。

他們不解的問：「大師，這是什麼道理？」

大師說：「挑水之道並不在於挑多，而在於挑得夠用。一味貪多，適得其反。」

眾人越發不解。

大師從他們當中拉了一個人，要他重新從山谷裡打了兩滿桶的水。那人挑得非常吃力，搖搖晃晃，沒走幾步就跌倒在地，水全灑了，那人的膝蓋也摔破了。

「水灑了，豈不是還得回頭重打一桶嗎？膝蓋破了，走路艱難，不是比剛才挑得還少嗎？」大師說。

「那麼大師，請問具體挑多少，怎麼估計呢？」

大師笑道：「你們看這個桶。」

眾人看去，桶裡劃了一條線。

大師說：「這條線是底線，水絕對不能高於這條線，高於這條線就超過了自己的能力和需要。起初還需要劃一條線，挑的次數多了以後就不用看那條線了，憑感覺就知道是多是少。有這條線，可以提醒我們，凡事要盡力而為，也要量力而行。」

眾人又問：「那麼底線應該定多低呢？」

大師說：「一般來說，越低越好，因為這樣低的目標容易實現，人的勇氣不容易受到挫傷，相反會培養起更大的興趣和熱情，長此以往，循序漸進，自然會挑得更多、挑得更穩。」

一念之轉

人生的最大智慧之一就是明心見性，認識自我。在日常生活中，正確評估自己的能力，制訂適宜的目標，注意循序漸進，既盡力而為又量力而行，逐步實現自己的目標，才能避免許多無謂的挫折。

Chapter.

5

學會做人了，禪性也就出來了

佛說：「菩薩畏因，眾生畏果。」眾生總是果報現前時才會後悔，如能夠事先予以肯定，即不後悔了。修禪其實就是學做人，會做人了，禪性也就出來了。佛經上講的道理都是人生哲學，都是教導我們積極向上，教我們「諸惡莫做，眾善奉行」，教我們怎樣做人，怎樣處世等等。

禪可以開拓我們的心靈，啟發人們的智能，引導我們進入更超脫的自由世界，它合乎真善美的條件。所以，以積極的態度領略佛的為人智慧，積德修福，做一個快樂無憂的人，一個有益於社會、國家、眾生的人，一個無我利他的至善之人。

01 佛陀和他的兒子

羅剎羅是佛陀出家之前所生的兒子，也是一個小沙彌。佛陀為了防止羅剎羅產生依賴心理，讓羅剎羅拜舍利弗為師。然而，在羅剎羅的內心深處，在其他人的心目中，都不能改變羅剎羅是佛陀兒子這一事實。所以，大家都很疼愛他、愛護他，就算羅剎羅俏皮搗蛋，大家也都寬容一笑，不會嚴厲責備。

貪玩、淘氣是孩子的天性。羅剎羅雖然跟隨佛陀出了家，但畢竟正處在天真爛漫的年齡，免不了經常做一些孩子氣的惡作劇。他非常機靈，經常以捉弄人取樂。

羅剎羅時常在精舍門口玩耍，每當皈依佛教的居士來訪，大家知道他是佛陀的兒子。就首先向他打聽佛陀現在正在什麼地方？於是，羅剎羅就趁機捉弄人，佛陀明明在河邊散步，他說佛陀在房間坐禪；佛陀若是打坐。他就說到最遠的僧舍探望病僧去了……他害得人家跑了冤枉路，自己還洋洋得意。

羅剎羅的惡作劇雖然出於天真，沒有惡意，但他的撒謊，卻是不爭的事實。

佛陀知道這些事情後，將他召到自己的住處來。羅剎羅見到父親非常愉快，像一隻愛撒嬌的小鹿。不停的蹦蹦跳跳。當他看到佛陀鋪座位之時，就按照以往的慣例，趕緊打來水給父親洗腳。

佛陀指著洗過腳的水對羅剎羅說：「你喜歡喝這盆水嗎？」

羅剎羅說：「洗過腳，水就髒了，不能喝。」

佛陀說：「水本來是乾淨的，如同所有的人一樣。你生為國王之孫，卻能拋棄榮華富貴出家，但你不守出家人的戒律，口中撒謊，心中不潔，充滿貪、嗔、癡三毒，就如同潔淨的水洗過腳一樣，被污染了，變得骯髒了。」

羅剎羅生怕父親真叫他喝洗腳水，趕緊將木盆中的水倒掉了。

佛陀說：「羅剎羅，從今天起，你就用這個木盆盛飯吃吧！」

羅剎羅的眉頭皺成了小山，說道：「它，它經常洗腳，污垢早已經滲到了木頭內部，太髒了……」

「你就像這木盆一樣。你雖然身為沙門，但你的心不誠實，不思修行，彷彿這骯髒的木盆，不能盛裝精神食糧。」

說著，佛陀一腳將木盆踢開。羅剎羅真的感到像踢在自己身上一樣。因為他從來沒有見過父親這樣聲色俱厲。

「羅剎羅，你在擔心這個木盆摔壞嗎？」

「不。這個木盆本來就很簡陋廉價，現在又舊又破，還沾滿了污漬，沒人會為它可惜。」

「你也是一樣。一個沙門，若總是口出謊言；不知修行，終將落到無人理睬。無人憐惜的地步。你要時時以木盆警覺自己啊！」

羅剎羅冷汗如雨，渾身寒戰不已。從此，他拋棄惡習，認真修習佛陀親自傳授的安般（安那般那，即數息觀）法門，終於在二十歲時大徹大悟了。在十大弟子中。他以「密行」排位第一。

佛陀更是十分歡喜，如釋重負——作為最圓滿的人，他的愛心無所不在。

一念之轉

古人修身，講求自省，晨起，必開始反躬自問：今日裡德行修養可有半點不仁義？可有哪些事該當自律？「三省吾身」是現代人最應該學到的本領。經常自我反省，自我檢查，就能不斷進步。

02 一個與鬼合作的僧人

從前，有一個僧人被逐出僧團，一路哭哭啼啼，長吁短歎。一會兒，路上來了一個鬼。它剛好也是因為犯法，被毗沙門天王趕出來。鬼見和尚如此悲淒，奇怪的問：「你怎麼邊走邊哭呢？」

僧人向鬼吐露實情：「我因為觸犯戒律，受到同伴的排斥，所有的施主也斷絕了供養，惡名昭著，遠近皆知，窮途沒落，所以才這樣悲歎。」

鬼聽了對他說：「我的情況跟你差不多，你不用煩惱了。咱倆合作，還怕沒有活路。你不妨借用我的力量，幫你消除惡名，得到供養。你可以站在我的左肩上，我會挑著你在空中漫步。在這種情況下，大家只會看你，而不看到我。這樣一來，你的信譽會立刻恢復。不過，我也有個條件，你得到供養，可要先獻給我。」

他們就這樣約定了。鬼馬上挑著和尚，到他原先的部落上空漫步。

部落的村民看見和尚有如此法術，無不驚奇，紛紛指責原先他的同伴們不近情理，罵他們排斥得道高僧。村民們一起前往寺廟，呵斥那些僧眾，要他們迎接這個和尚回寺廟安居。結果，他總算巧妙的獲得供養了。

有一天，鬼按照慣例挑著他遊行空中，不料，路上遇到毗沙門天王，鬼在驚嚇之餘，趕緊丟掉肩膀上的和尚，拚命逃竄，可憐的和尚當下墜地而死。

一念之轉

人，是很容易犯錯的，俗話說：「人非聖賢，孰能無過？」關鍵在於能不能正視自己的錯誤與過失。人貴在有自知之明，肯認自己是罪惡凡夫，進而能夠去惡向善，這是最偉大的自知。君子當有所為有所不為，正直、善良和自信的心，是我們畢生受用不盡的寶藏。做人要腳踏實地，不能投機取巧，不能依靠欺騙和糊弄別人贏得尊重；否則，總有一天會身敗名裂。

03 修行貴在「正當」二字

高僧慧能為了考驗寺裡眾多僧侶的慧根，便在飛來峰的峰頂修建了莊嚴肅穆的達摩法像，並傳話出來，寺內徒眾誰能正大光明的觸摸到祖師的慧眼，誰就能繼承衣缽。

僧侶一聽，便在私下裡紛紛議論，住持長老之所以要修建達摩金身，是要為將來的事情做準備，誰能觸摸到祖師的慧眼，誰就是寺內住持的接班人。還傳說，通往峰頂的山路崎嶇難行；更有甚者，風言前輩不少高僧圓寂在登頂路上，可見路之艱險。

寺內有的僧人早已探索到了登頂的捷徑，按照這條捷徑登頂路程可以縮小一半，到達峰頂的時間會大大提前。有的僧人成群結隊從後山平坦的大道上緩緩而進，路程雖長但平緩，沒有障礙。

只有名叫心禪的僧人決定從正面的路攀登而上。飛來峰的正面山勢陡峭，山路蜿蜒曲折，荊棘滿途。心禪一步一步艱難攀行，披荊斬棘，流了不少血汗。

到了峰頂，心禪發現寺內的眾師兄弟早已站在達摩金身的佛像前，注視著心禪的姍姍來遲。

心禪也不羞愧，緩步登上佛像觸摸慧眼。

這時，高僧慧能出來宣佈，心禪具有慧根，可繼承他的衣缽，並決定將未來的住持之位傳與他。眾僧一聽十分驚詫，有的僧眾抱怨說：「心禪來得最晚，方法最死，毫無靈性可言，住持之位怎可讓他來做？」

慧能說：「人生在世修行，貴在『正當』二字。言正當言，思正當思，行正當行。眾人皆走捷徑，惟有心禪從正面一步一步攀登；眾人皆走大道，惟有心禪從荊棘中血汗前來。他走的是佛的路，你們卻不是。我怎麼可以將我的寺院交給你們這些不正當的人？」

眾人啞口無言。

一念之轉

做任何事情都要腳踏實地，一步一腳印。不要急功近利，也不要投機取巧。更不要不擇手段，企圖矇混過關，以致誤入歧途。

04

不要捨棄自己對佛法的信仰

從前，有一個國王，他是一個虔誠的佛教信徒。他常常勸導國民皈依三寶，還詔令：凡是肯守戒律、身心清淨的人，可以免除一切賦役。百姓受其影響，紛紛吃齋念佛。

不過，國民中有些偽善之徒，表面偽裝信佛，背地裡卻為非作歹。國王發覺這一情況，決定懲治這些偽善之人。於是，他想出一條計策。

國王命人在全國張貼告示，上面寫道：「凡是信奉佛道的人，都要處以死刑；頑固不化者，棄市！」

那些偽教徒看到這則告示，馬上放棄佛教，現出本性，作奸犯科，肆意妄為。有一位年老的修道者，見到禁令後，忍不住流露出內心的悲哀和驚慌。他想：「如果捨棄正道，依從邪道，追逐富貴，沉溺於六根的享受，即使貴為帝王，壽命齊天，我也不願意。我以宿世的功德才能閱讀到佛經，信奉三寶。倘若因此被處以極刑，置身於湯火之中，我也死而無悔。」

堅定的信念使他根本不理會國王的禁令，依然篤信佛教。

沒過多久，國王派人巡行全國，發現有違反國王命令者，統統抓起來送往京城受審，這位修道者也被逮捕了。

國王吩咐道：「把他拖到街口處死。在行刑之前，暗自偷聽他說些什麼，隨時報告！」

修道者被押解到戒備森嚴的刑場。

他面對死亡，從容不迫，對兒子說：「自從有天地人類以來，幸虧有佛祖，才使我們得到清明的教化，我很高興你也相信佛法。在此關鍵時刻，你千萬不要捨棄自己對佛法的信仰。我們的國王現在是違背道義，背叛真理，你不要追隨他！」

國王聽到受刑者的話，知道他是一位真正的佛教徒，心裡很高興，命令停止行刑，將修道者請到王宮，待以厚禮。

後來，國王還提拔他做了當朝宰相，委以大任。而那些捨棄佛教的偽善之徒，則被國王課以沉重的勞役和賦稅。這樣一來，國內再也沒有虛假奉佛的行為了。

一念之轉

一念本真，一心向善，這就是「直心」。我們在工作和生活中要常行「直心」。心裡認為對的事，就一定要堅持去做。

做好事不要怕挫折，真修行也不要怕吃虧。虛情假意、見風使舵的人難得人心；真誠執著的人，才能贏得別人真正的尊重，才能贏得屬於自己的真正精彩的人生。

05 手上捆著青草的和尚

釋尊在捨衛國邸園精舍傳法的時候，一天，許多化緣歸來的和尚行走在荒野上，一群強盜看見了他們，立刻前來搶劫。

和尚們被扒光了衣服，強盜頭目還不肯罷休，下令說：「這些和尚到了村裡難免會胡說八道。你們快些下手，把他們全部除掉。」

強盜中有一人曾出過家，他瞭解佛法，就提議說：「首領，沒有必要動手殺他們。這些和尚是非常慈悲的，只要用青草把他們捆住就可以了。為了不傷害青草，他們不會動彈，當然也就不會逃走了，還怕他們胡說八道嗎？」

強盜頭目一聽有道理，便採納了這人的建議。強盜們把所有的和尚都用青草捆起來，棄之而去。

被青草捆住的和尚，為了守戒，都不肯掙斷青草。他們的衣服被剝得精光，一大早就被日光暴曬，又遭到蚊子、牛虻、蒼蠅和跳蚤的叮咬，好不容易才挨到太陽西下，附近一片黑暗，夜出的禽獸在四周走動，野狐怪叫，貓頭鷹哭泣，荒郊野外頓時變得如地獄一般恐怖，令人不寒而慄。

許多年輕的僧人心中慌亂，怨言四起。一位老和尚見此情境，開口說道：「人生短促，比水流還快。即使天上的殿堂，也有崩塌的時候，何況人的生命，更是無常了。大家不必歎息這種無常的生命。要明白持戒的重要，不要掙斷青草，更不要以為這樣子白白死去，想再度出生為人很難，就覺得很遺憾。其實，我們現在能懂得佛的教義，遵守戒律，這才是最珍貴的。」

為了持守戒律，這些和尚既不能伸直被捆緊的身體，也不能挪動位置。這時，老和尚繼續說道：「我們的修行，跟現在的狀況一樣，即使遇到了恐怖，也要忍耐，甚至要以我們的生命，奉獻給高尚的佛法。縱使現在我們能站起身子來，也無處可去，唯有堅守戒律，死而後已。」

年輕的僧眾，聽了老和尚的說法，紛紛端正身體，不動不搖，靜靜的坐在黑暗的荒野中。

第二天黎明，國王帶著大隊人馬出來打獵，經過這裡，看見這群和尚，心中疑惑，就命令身邊的隨從下馬察看。臣子遵照國王的命令前去察看，很快回報國王說：「他們全身赤裸裸，自覺羞愧，都垂下頭，不肯說話。但經我仔細查看，發現他們右肩的皮膚黝黑，原來是一群僧人，因為他們穿著袈裟，是偏袒右肩的。他們一定是碰到強盜，被剝去了衣服。」

國王聽見臣子的報告，心中仍然在想：「手上捆著青草，要掙脫不費吹灰之力，然而他們卻像祭祀的羊羔一樣，一動也不動，這是為了什麼？」

國王親自下馬，來到僧眾之間問道：「你們身體壯健無病，為何被草捆得不能動彈？是被咒術迷住，還是為了苦行？」

僧眾回答說：「纖細的青草非常脆弱，不難掙斷。但我們是被金剛戒所捆，才無心去掙斷它。掙斷草木無異殺生。我們遵照佛法的戒律，才不會掙斷它。」

國王聽見僧眾的回答，十分歡喜，親自為他們解開青草，讚歎道：「好一群和尚，為遵守戒律，寧可捨棄自己的生命。我也要皈依偉大的釋尊，皈依無上的佛法，皈依守戒的僧人。只有皈依才能離開苦惱。」

一念之轉

在很多時候，「自我約束」常常意味著放棄一些東西正是你渴望已久的；面對誘惑與慾望，能夠自我約束的人，才不致偏離正直的人生軌道，才能完成宏大的事業。

06

誠實無欺的道楷禪師

宋朝的時候有一位道楷禪師，他經過多年的修行終於得道，在他得道之後便開始雲遊四方，為大眾講學來闡明禪宗的道理。道楷禪師走了很多地方，曾經擔任過淨因寺和天寧寺等大寺的住持。

禪師的美名被當朝的皇上聽說了，對禪師的這種作為非常欣賞，於是決定頒給他一件紫衣袈裟，以褒揚他弘揚佛法的聖德，並且還賜號為定照禪師。

道楷禪師婉拒，並解釋說，自己出家時曾經立下重誓——「不為利名，專誠學道，用資九族。苟渝願心，當棄身命。」父母這才同意自己出家。今天如果不守本志，接受了皇上的賜封，就是背棄了佛法和對親人的誓言。於是上書皇帝堅辭不受。

於是，皇上又派出了一位親王來到禪師的住處，代表皇上來表達朝廷對道楷禪師的一片美意。但是，禪師還是不肯接受。

皇上被他的一而再再而三的冷淡反應所激怒，下令州官把禪師收押起來，想看看懲罰能不能讓禪師回心轉意。

這名州官以前曾經聽過禪師的講經，他深知禪師的為人是何等仁厚忠誠。他來到寺中的時候，特意讓手下人迴避，低聲對禪師說道：「禪師，您的身體看上去很虛弱，臉色也很蒼白憔悴，是不是有什麼病？」

道楷禪師搖了搖頭回答道：「沒有。」

州官看自己的啟發沒有用，就心下一橫，直接對禪師說：「禪師您如果說自己生病，皇上肯定會看在你以前四處講學的辛苦上，免除對你的懲罰。」

禪師還是搖了搖頭，依然用平靜的口氣說：「沒有病就是沒有病，我怎麼能為了免除懲罰而裝病呢？」

州官聽了禪師的話既感動又無奈，只好迫不得已將禪師貶到了淄州去。

當禪師放回來後，他結庵於芙蓉湖心，有很多佛子追隨著他來修行。

一念之轉

誠實，是人格的一種堅守，是做人的根基。只有我們變得誠實守信的時候，道德才會有根基，否則只是一葉孤舟，風浪一大，便會把它擊沉。

07 不擇手段的婆羅門

從前，有一位婆羅門，因為平時愛面子，又愛名利而不去做正當的工作，常常用欺騙的手段來獲得小小的名利。時間久了，大家都識破了他的為人，他在本地生活不下去了。於是帶著兒子跑到另一個國家，在街上以算命為生。因為生意不太好，就想出一條妙計。有一天，他抱著自己的兒子在大街上痛哭流涕。

有人問他：「你為什麼這麼傷心如此哭泣？」婆羅門說：「再過七天，我這孩子就要夭折了。我可憐他這麼短命，小小的年紀就要死去，所以才哭起來。」

旁邊的人說：「人的壽命是很難預料的事，算卦也會出現差錯的，也許再過七天，他還能活著不會死，你為什麼要預先痛哭呢？」

婆羅門說：「太陽和月亮有時陰暗不發光，天上星宿可能會隕落，可是我的預言是絕不會錯的。」

婆羅門為追逐自己的名利，騙取他人的信任，到第七天早上，便把自己的兒子殺死，以證實自己推算的準確性。

聽過他預言的一些人聽說他的兒子果真在第七天死去，都感歎道：「他真是一個有智慧的人，說的一點沒錯！」大家心裡十分信服他，都來向他表示敬意。從那以後，大家都相信他的預言，紛紛找他相面看因果。這位婆羅門就亂說一通，求得微少的報酬。時間久了，大家也知道他說話不靈，生意又清淡了，只好再次流浪。

一念之轉佛

佛教特別強調做人不妄語而誠實無欺——以術愚人，以言詐人，喜說謊話，是說不是，不是說是，叫做妄語。不妄語就是說話誠實，不說虛偽誑騙的話。如能遠離妄語，便能做到誠實不欺，則父母、兄弟、親屬、朋友，以及人事的接觸，彼此都能互相信任，實為得樂之道。仁、義、禮、智、信是中國人的美德；欺、騙、拐、詐是人類的醜惡行徑。名利固然有吸引力，然而為它而喪失人性，不擇手段的蒙騙別人，即便偶爾獲利，也不會持久。

08 一堆黑的骨頭

有一次，佛陀經過一個地方，看到地上有一堆白骨，佛陀就先給這些白骨頂禮。

頂禮之後，學生就問：「佛陀，您為什麼給這一堆白骨頂禮？」佛陀就告訴學生：「這些白骨可能都是我們過去的祖先，我們應該對先人禮敬。」

拜完這一堆白骨之後，佛陀就讓學生把這堆骨頭做分類，比較黑的分一堆，比較白的分一堆。

學生就問：「這兩堆骨頭為什麼會一邊比較黑、一邊比較白？」

佛陀接著說：「這一堆黑的骨頭是母親的骨。」因為母親在懷胎的過程，胎兒所需要的營養，都要從母親的身體中汲取，所以鈣質流失很多。而且懷胎的過程是十個月，非常辛苦。加上養育的過程中非常操勞，所以母親的身體就會日漸憔悴。

一念之轉

每一個人對自己的父母都應該以慈悲心和感恩心來加以孝順，使父母感到快樂和安慰。因為父母生我、育我，費盡無數的心血，是我們這一生中最大的恩人，因此必須認真報答父母的恩惠。

09
菩薩常常殺生

小和尚問老和尚：「菩薩還殺生嗎？」心中卻在想：「師父一定回答不殺，哪有菩薩破戒殺生之理！」不料老和尚鄭重的回答：「殺！菩薩常常殺生，不知疲倦！」

「什麼！」小和尚瞪大了眼睛，豎起了耳朵，好像聽到了天外來音，「菩薩怎麼會殺生，還常常殺生呢？」

「為救度眾生，為降妖除魔！」老和尚淡然的說。

「那麼，菩薩豈不是犯了大戒嗎？」小和尚不解的問。

「犯戒又不犯戒。」老和尚耐心的解釋，「犯戒是因為有殺生之相，破了戒的形式；不犯戒是因為菩薩心中沒有絲毫殺念，所以符合戒的精神。」

「那麼，菩薩於殺生之時，心中當作何念呢？」小和尚好奇的問。

「菩薩殺生時，當作此念：救助被害眾生使其免於水深火熱，救助害人惡魔使其免於萬劫沉淪！」

「菩薩殺生，還入地獄嗎？」小和尚追問。

「菩薩常入地獄。」老和尚答。

「為什麼？」小和尚不解。

「菩薩救助眾生永不休息，所以降妖除魔也永不停止，又怎能不常下地獄呢？」

「菩薩明知會下地獄，為什麼還要殺生呢？」小和尚更是不解。

「這正是菩薩的精神所在。」老和尚莊嚴的說，「為救度眾生，我不入地獄，誰入地獄！」

「我不入地獄，誰入地獄！」這就是菩薩對芸芸眾生的責任感！

一念之轉

大丈夫行事論是非，不論利害。肯於捨己為人的人，為普度終生，抱持「我不入地獄，誰入地獄？」的想法，才是菩薩心腸。為了公共的利益，需要挺身而出的時候，就不要過多的考慮利害，肯於犧牲自己的人，才堪稱品德高尚。

10 一個人墮落了就與瓷瓶無異

佛教聖地也不是絕對的片片淨土，在紅塵滾滾的翻雲覆雨中，也難免沾染世俗的塵埃。儘管戒律森嚴、三令五申，有些小和尚還是屢屢犯戒。

這一天，剛剛做完日常佛事，僧侶們正要走出禪房時，老方丈定一法師揚手碰落了供台上的一個瓷瓶，摔了個粉碎。眾弟子一下愣在那裡，不知方丈是失手碰落了瓷瓶，還是故意碰落的。

定一法師非常嚴肅的掃視一眼眾生，語氣凝重的說：「非常可惜吧？一杯泥土，不知經歷了多少工序，經過了多長時間的鍛燒，才超脫成珍貴的瓷瓶，被我們擺上了神聖的供桌，成為一件高貴聖潔的法器。如果保存好了，它千百年都不會損壞的，甚至可以永遠流傳下去。可是，揚手之間，它就墜落於地，一文不值了。同樣的道理，一個人，尤其是我們斂德修行的僧人，取得了法號，悟出個境界，不是件容易事！你若不珍惜、不自律，墮落起來與瓷瓶無異！」

這時，就有幾個幡然醒悟的和尚合掌跪地，深表懺悔。

一念之轉

人生在世，立事難，敗事易；學好難，學壞易；修行難，放縱易……只有付出艱辛勞動和勤奮求索所取得的快樂才是健康的、永久的；一個有所追求的人，必須要嚴格要求自己，不要使自己的多年修為毀於一旦。

11 很多事不是祈求天神所能改變的

有一次，佛陀對一個外道開示因果的道理：「你看前面那一個村落的農夫，春天他不去耕田和播種，而是天天在神前祈求賜給他們豐收，你想秋天來時，他們會豐收嗎？」

對方答：「不可能的，因為不先耕耘播種，則不論如何求神，荒土上是不可能長出豐碩的作物的。」

「答得好，再請問你，如果農夫在春天很認真的耕種、灌溉、施肥、除草，但並沒有求神恩賜，將來會不會因此就沒收穫呢？」

「我想他在秋天仍然會有收穫的。」

「再請問你，一個人如果不務正業，游手好閒，而且也不去運動，這個人家境會變好嗎？身體會健康嗎？」

「我想這是不大可能的。」

「這就對了，事實上世間一切的人和萬物都無法違背上述自然的因果法則。」

還有一次，佛陀向弟子開示：「伽彌尼！如果你把大石頭丟進河中，而岸上有許多人虔誠地祈求天神使這一大石頭浮起，你想可能嗎？」

弟子答：「不可能。」

佛陀便說：「同樣的道理，一個人如果做了大壞事，即使大家都祈求天神賜福給他，這也是不可能的。這個壞人不僅要受法律的制裁，死後也會墜入地獄受到應有的刑罰。」

「我再問你，如果你把油倒在河上，許多人祈求天神使這些油下沉不浮在水面，可能嗎？」

「不可能。」

佛陀說：「你說得對，一個人如果經常為善，則誰也不能害他，使他墮落。因為行善可以使人得到尊敬和喜愛，死後也會上天堂享福。由此可知，行善的人將來會升天，為惡之人會下地獄，這些都是因果的法則，絕對不是祈求天神所能改變的。」

花會凋謝，人會生老病死，美麗佳人會年華消逝，財富權勢如過眼雲煙，隨時變易。「天下無不散的宴席」，「花無百日紅，人無千日好」。這些無常的現象，任何力量都無法加以改變。有不少人企圖運用神通力來阻止無常的發生，結果均徒勞無功。

例如：印度琉璃王攻打釋迦族時，目犍連曾運用神通將數百名男女置於缽中，放在天上，以便延續釋迦族後代。戰後將缽收回打開，缽中所有的人無一倖存，只剩血水。

佛陀雖具六大神道，卻也罹患嚴重的背痛和胃病，而且在八十歲的時候就涅槃（去世），號稱神通第一的佛弟子目犍連後來也被仇敵殺害身亡。

一念之轉

一個人最重要的還是腳踏實地，老老實實，誠實做人，隨時注意修持，「諸惡莫作，眾善奉行」，相信「善有善報，惡有惡報」的因果律，這樣才是正確的智慧的作為。

千萬不要想用旁門左道，抄捷徑或投機取巧的方式來作為我們的信仰或做事的指針，否則，到最後發現錯誤時就「再回頭已百年身」，這時就會後悔莫及，而己付出的代價也就未免太大了。

12 我是泥中蓮花

日本的無三禪師出生在一個貧窮的小山村裡。二十一歲時，他來到大阪的藩主府作雜役，五十三歲時，他深切感受到自己一日老似一日，眾多的疾病也開始蠶食他健壯的身體。人生的痛苦使他看破紅塵，出家為僧。雖然年過半百，但他不願意做個混日子的粥飯僧，他拖著老邁的身軀，踏上了雲水天涯的參學之路：

白首一袈裟，天涯又海涯。
風霜銅缽裡，輒幻妙蓮花。

後來，他行腳來到寶香寺，拜在洞泉橘仙禪師座下參禪。天道酬勤，他的不懈追求終於打破了黑漆桶，豁然開朗之後，徹見了自己的本來面目。洞泉禪師印可了他的悟境，將法脈傳給了他。

開悟後的無三禪師，顯現出禪者特有的圓滿智能，講經說法宛若虎嘯獅吼，威震叢林。

摩藩藩主島津侯（當時雄踞一方的諸侯）聽說了他的盛名，禮請他出任鹿兒島的福昌寺住持。

那天，福昌寺舉行盛大、隆重的升座儀式，高僧滿座，賓客如雲，連島津侯也來為他捧場。

無三禪師身披大紅祖衣（歷代祖師傳授下來的衣缽），手持禪杖，徐徐登上法壇，拈起三支長香，供養在歷代佛、祖像前……

禪宗寺院的住持不是那麼好當的，儘管有島津侯藩主的邀請，無三也必須過「大問答」這一關——所有的禪僧都可以自由提問，如果新任住持回答不上來，或者回答的不符合禪的機鋒法要，他將被無情的轟下台。

這時，一個不懷好意的人突然跳上台，以嘲弄的口吻說道：「你這個久志良村的賤農，竟然當起住持了嗎？」隨後，那人轉向藩主，說道：「他出身賤民，連出家的資格都沒有，如何能當住持呢？」

聞聽此言，舉座嘩然！那時候，薩摩藩有一條規定，貧賤的百姓是不能出家的；若想出家、當住持，必須改為官姓。無三不肯改姓，無疑是對藩主的極大不恭。所以，島津侯的面色變得陰森恐怖。

在極為難堪的靜場中，在大庭廣眾的注視下，在握有生殺大權的藩主虎視眈眈下，無三禪師鎮靜自若，驚天動地的大喝一聲：「我是泥中蓮花！」

所有的僧俗都不禁肅然。是啊，無三禪師雖然出身低賤，但經過刻苦勤勉的修行，明心見性，宛若泥中紅蓮，芬芳燦爛！

一念之轉

正是污泥之中，才能生長出美麗、高潔的蓮花。所以，一個人的出身並不重要，重要的是後天的努力和在智慧修養方面的進步。

13 什麼是必修的課程

有一個學僧元持在無德禪師座下參學，雖然精勤用功，但始終無法對禪法有所體悟，所以，有一次在晚參時，元持特別請示無德禪師道：

「弟子進入叢林多年，一切仍然懵懂不知，空受信施供養，每日一無所悟，請老師慈悲指示，每天在修持、作務之外，還有什麼是必修的課程？」

無德禪師回答道：「你最好看管你的兩隻鷲、兩隻鹿、兩隻鷹，並且約束口中一條蟲。同時，不斷的鬥一隻熊，和看護一個病人，如果能做到並善盡職責，相信對您會有很大的幫助。」

元持不解地說道：「老師！弟子孑然一身來此參學，身邊並不曾帶有什麼鷲、鹿、鷹之類的動物，如何看管？更何況我想知道的是，與參學有關的必修課程，與這些動物有什麼關係呢？」

無德禪師含笑的道：「我說的兩隻鷲，就是你時常要警戒的眼睛——非禮勿視；兩隻鹿，是你需要把持的雙腳，使它不要走罪惡的道路——非禮勿行；兩隻鷹，是你的雙手，要讓它經常工作，善盡自己的責任——非禮勿動。我說的一條蟲，那就是你的舌頭，你應該要緊緊約束著——非禮勿言。這隻熊就是你的心，你要克制它的自私與個人主義——非禮勿想。這個病人，就是指你的身體，希望你不要讓它陷於罪惡。我想，在修道上，這些實在是不可少的必修課程。」

一念之轉

約束自我是提高修養的一個重要方面。要努力做到非禮勿視；非禮勿行；非禮勿動；非禮勿言；非禮勿想。善於約束自己，專注的精勤用功，才能順利實現自己的目標。

14
莫以善小而不為

佛陀曾講過這樣的一個故事：

很久以前，有一位精通相術的婆羅門，長年遊歷四方。這天，婆羅門穿越了幽靜森林，路過一所簡陋的精舍，正巧，從裡頭走出一位年輕的出家比丘。婆羅門見到比丘的當下，心中莫名的惋惜，他預知，七天之後，這位比丘的壽命即將終了。婆羅門並未對比丘透露支字片語，只在樹下歇息一會兒，便匆匆的離開了。

七天之後，婆羅門不經意又繞到了森林裡的精舍，他猛然憶起七日前預見的一事……豈料，還未抵門口，那位比丘竟探頭向他招呼微笑。閱人無數且卜術精準的婆羅門，感到難以置信，一臉驚訝的望著比丘。然而，年輕的比丘確確實實就在他的面前，更沒有顯現任何命終的厄相。

婆羅門慎重的啟口問比丘：「最近，可曾修過什麼大福報嗎？」比丘自然的答道：「和往常一樣，並沒有做什麼特別的事啊！」婆羅門仍不放棄追問，再請比丘仔細推想。思索了好一會兒，比丘總算回憶起數天前的一件事，但他認為這只不過是件微不足道的小事。

經婆羅門在旁的積極催促，比丘才說了出來：「前幾天，到一座僧眾聚集的寺院參訪，看見僧坊的牆壁上有一個小孔，為了防止這小孔滲入的風雨侵襲僧眾，就順手在地面上揉了泥團，把小孔給填補起來。如此一件小事罷了！」

這件「小事」，在婆羅門看來可不那樣地尋常，他驚歎道：「佛門中的福田，實在難以思議啊！」

佛陀不僅經常向別人宣揚「莫以善小而不為」的道理，他本人更是親體力行。一次，佛陀有一位眼盲的弟子正在穿針，穿了半天穿不過去，就說：「請肯發心積功德，請為我穿個針吧！」

這時，佛陀正好從他的身邊經過，便伸手接過他手裡的針，將線穿好之後，遞給他說：「我是個喜愛功德的人。」

弟子聽到後，趕緊跪下說：「佛陀，您的功德已經這麼大了，不缺乏這一點點小功德。」

佛陀告訴他：「你知道嗎？我還是要不斷的積聚功德。我今天的功德之所以不缺乏，乃是由於過去生活中點滴和累積中！」

一念之轉

我們應知微細的善惡業，如影隨形，將會出生廣大的苦樂。因而，對於微小的善業也應勵力行持，勿以善小而不為；對於微小的惡業，也應勵力斷除，勿以惡小而為之。

15 小徒弟的「破綻」

有一位老和尚，凡遇徒弟第一天進門，必要安排徒弟做一例行功課——掃地。

過了些時辰，徒弟來稟報，地掃好了。

師父問：「掃乾淨了？」

徒弟回答：「掃乾淨了。」

師父不放心，再問：「真的掃乾淨了？」

徒弟想想，肯定地回答：「真的掃乾淨了。」

這時，師父會沉下臉，說：「好了，你可以回家了。」

徒弟很奇怪：「怎麼剛來就要我回家？不收我了？」

「是的，是真的不收了。」師父擺擺手，徒弟只好走人，不明白這師父怎麼也不去檢查檢查就不要自己了？

原來，這位師父事先在屋子犄角旮旯處悄悄丟下了幾枚銅板，看徒弟能不能在掃地時發現。大凡那些心浮氣躁，或偷奸耍滑的後生，都只會做表面文章，才不會認真的去掃那些犄角旮旯處的。因此，也不會撿到銅板交給師父的。師父正是這樣「看破」了徒弟，或者說，看出了徒弟的「破綻」——如果他藏匿了銅板不交師父，那破綻就更大了。不過，師父說，他還沒遇到過這樣的徒弟。貪婪的人是不會認真去做別人交付的事情的。

師父看出的「破綻」，是徒弟品德修養上的弊病。

一念之轉

即使是很微小的善業，也能感發極大的樂果；即使是很微小的惡業，也能感發極大的苦果。所以，修業定須「虔誠」二字，對品行方面的要求是絲毫不能放鬆的。在生活中，一個人只有時時處處嚴格要求自己，才能使自己的道德修養日臻完善，成為一個容易被別人接受的人。

16 終生享用不盡的東西

有一次，石屋禪師和一個偶遇的年輕男子結伴同行。天黑了，那個男子邀請禪師去他們家過夜，對他說道：「天色已晚，不如在我家過夜，明日一早再趕路。」

禪師向他道謝，與他一同來到了他家。半夜的時候，禪師聽見有人躡手躡腳地來到了他的屋子裡，禪師大喝一聲：「誰！」

那人被嚇得跪在地上，禪師揭去他臉上蒙著的黑布一看，原來是白天和他同行的年輕男子。

「怎麼是你？哦，我知道了，原來你留我過夜是為了這個！我一個和尚能有多少錢？你要做就去做大買賣！」

男子一聽不禁心中竊喜，並說道：「原來是同道中人！你能教我怎麼做大買賣嗎？」他的態度是那麼懇切，那麼虔誠。

禪師看他這樣，對他說道：「可惜呀！你放著終生享用不盡的東西不去學，卻來做這樣的小買賣。這種終生享用不盡的東西，你想要嗎？」

「這種終生享用不盡的東西在哪裡？」

禪師突然緊緊抓住男子的衣襟，厲聲喝道：「它就在你的懷裡，你卻不知道，身懷寶藏卻自甘墮落，枉費了父母給你的身子！」

一語驚醒夢中人！男子從此改邪歸正，拜石屋禪師為師，後來還成為一位著名的禪僧。

一念之轉

宋代的寧茶陵郁禪師有偈云：「我有明珠一顆，久被塵勞關鎖。今朝塵盡光生，照破山河萬朵。」這是禪師開悟時所作，意思是，每個人都有一筆無與倫比的寶藏，那就是自己，但因為我們沒有意識到自己的價值，才會活得渾渾噩噩，只有真正認識到自己的存在，肯定自己的價值以後，才能恢復本來的生動面目。以往的種種困惑，都將豁然開朗。

17
你愛女色嗎

一次，雲水禪師問清遠禪師：「你愛色嗎？」

清遠正在用竹籮篩豌豆，聽到雲水這樣問，嚇了一跳，筐裡的豆子也灑了出來，滾到雲水的腳下。雲水笑著彎下腰，把豌豆一粒一粒的撿了起來。

清遠禪師耳邊依然回想著雲水禪師剛才說的話，他不知道該怎麼回答，這個問題實在是沒有辦法回答。

清遠禪師的心裡暗自琢磨：「色」包含的範圍太大了，女色、顏色、臉色……你穿衣服挑顏色嗎？你吃佳餚喝美酒看重菜色、酒色嗎？你選宅第房舍注意牆色嗎？你會按照別人的臉色行事嗎？你貪戀黃金白銀的財色嗎？你貪戀妖媚艷麗的女色嗎？

清遠禪師放下竹籮，心中還在翻騰。他想了很久才回答道：「不愛！」

雲水一直在旁邊看著清遠的狀態，他惋惜的說：「你回答這個問題之前想好了嗎？等你真正面對考驗的時候，你是否能夠從容面對呢？」

清遠大聲說道：「當然能！」然後，他向雲水禪師的臉上看去，希望能得到他的回答，可是雲水只是笑，沒有任何的回答。

清遠禪師感到很奇怪，反問道：「那我問你一個問題行嗎？」

雲水說：「你問吧！」

清遠問：「你愛女色嗎？當你面對誘惑的時候，你能從容應付嗎？」

雲水哈哈大笑地說：「我早就想到你要這樣問了！我看她們只不過是美麗的外表掩飾下的皮囊而已。你問我愛不愛，愛與不愛又有什麼關係呢？只要心中有自己堅定的想法就行了，何必要在乎別人怎麼想？」

一念之轉

無論外在有怎樣的誘惑，只要有自己堅定的想法就可以。眼中有色，心中無色，才能坦然面對世間的各種誘惑。

18 想睡就睡，想坐就坐

一位禪僧自從住進禪堂，就效仿禪宗四祖道信，夜不展單，脅不沾席——不睡覺。他十年之中，晝夜坐禪，心無雜念。然而，眼看著同門師兄弟一個個越過龍門，化作飛龍噴雲播霧遨遊去了，而他仍然是鯉魚一條。

有一天，他實在想不明白，就到方丈那裡請示住持和尚：「師父，弟子自從投到您的門下，打坐修行不倒單，沒有一刻嬉戲荒廢。可以說，在您的弟子中，沒有一個人比我更用功心切的了，可是，為何只有我一直不能開悟？」

禪師遞給了他一個葫蘆和一把粗鹽粒，說道：「你知道，水，能溶化食鹽。現在，你去把葫蘆裡灌滿水，再將鹽粒裝進去。你若是能讓葫蘆裡的鹽立刻溶化，你就開悟了。」

弟子將信將疑。但仍然按照師父的囑咐去做了。不一會兒，他手裡提著沉甸甸的葫蘆跑了回來，急切的對師父說：「師父，鹽粒裝進去之後，並不能立刻自行溶化。而葫蘆的口太小，棍子又伸不進去，無法攪動。所以，葫蘆裡的鹽到現在還沒化完。看來，我是無法開悟了。」

禪師接過葫蘆，將裡面的水倒出了一部分，僅僅搖晃了幾下，所有的鹽粒馬上溶化了。他這才對弟子說：「一天到晚不間斷用功，不為心靈留下一些空間，就如同灌滿水的葫蘆，攪動不得，搖晃不動，如何能溶解其中的鹽粒呢？又如何能心開得悟、契入禪機呢？」

弟子不解：「難道，不用功就能開悟嗎？」

「修行要用平常心。而執著修行，急切期盼開悟，也是執著，必須捨棄。」

接著，禪師給弟子講述了南泉及其弟子景岑的公案。「平常心是道。」南泉普願大師僅此一語，道盡了禪宗千年風韻。

把平常心詮釋得最通俗易懂、最生動有趣、最別具一格的，當屬南泉的弟子——長沙景岑禪師。

學僧問景岑：「師父，你曾親自見過南泉提倡平常心。那麼，如何是平常心？」

景岑本來是雙盤跏趺而坐，聽得學僧如此一問，就把腿放了下來，改為像平常人一樣的舒舒服服的坐姿。然後，他問道：「懂嗎？」

學僧一頭霧水，老老實實的說：「不懂。」

景岑禪師微笑著說：「傻小子，想睡就睡，想坐就坐。熱了納涼，冷了烤火。」

一念之轉

弘一法師說：「禪，就是自然，毫不勉強！」一切順其自然，就做到了平常心。俗話說：「欲速則不達。」做任何事如果急於求成就會事與願違，要一步一腳印，踏踏實實的前進。提高自身的修養也不例外，抱持一顆平常心，才能取得水到渠成的效果。

19 雲在青天水在瓶

唐代文人李翱非常嚮往惟嚴禪師的德行，任朗州刺史時，曾多次邀請惟嚴禪師下山參禪論道，都被惟嚴拒絕了。所以，李翱只得親身去拜見惟嚴禪師。去的那一天，巧遇禪師正在山邊樹下看經。

雖然是太守親自來拜訪自己，禪師毫無起迎之意，對李翱不理不睬。侍者提醒惟嚴說：「太守已等候您多時了。」惟嚴禪師只當沒聽見，只顧閉目養神。

李翱偏是一個急性之人，看禪師這種不理睬的態度，忍不住怒聲斥道：「真是見面不如聞名！」說完，便拂袖欲去。

惟嚴禪師這時才慢慢睜開眼睛，慢條斯理的問：「太守為何看中遠的耳朵，而輕視近的眼睛呢？」

這話是針對李翱眼之所見不如耳之所聞而說的。李翱聽了大驚，忙轉身拱手謝罪，並請教什麼是「戒定慧」。

「戒定慧」是北宗神秀倡導的漸修形式，即先戒而後定，再由定生慧。但惟嚴禪師是石頭希遷禪師的法嗣，屬於慧能的南宗，講究的不是漸修，而是頓悟法門。

因此，惟嚴禪師回答說：「我這裡沒有這種閒著無用的傢俱！」李翺丈二金剛摸不著頭腦，只得問：「大師貴姓？」

惟嚴禪師說：「正是這個時候。」

李翺更弄不明白了，他只好悄悄的問站在一旁的寺院的總管，剛才大師回答是什麼意思？總管說：「禪師姓韓。韓者寒也。時下正是冬天，可不是『韓』嗎？」

惟嚴禪師聽後說：「胡說八道！若是他夏天來也如此問答，難道『熱』嗎？」

李翺忍耐不住，笑了幾聲，氣氛頓時輕鬆多了。他又問禪師什麼是道。惟嚴禪師用手指指天，又指指地，然後問他：「理會了嗎？」

李翺搖搖頭說：「沒有理會。」

惟嚴禪師說：「雲在青天水在瓶。」

這時，突然一道陽光射了進來，正巧照見瓶中的淨水，李翺頓有所悟。

惟嚴禪師一開始故意不理睬李翺，是想挫挫他的傲氣和火氣，以便投入參禪問道的心境。因此，最後見他氣和，心平之後，這才對他說了大道的真諦：雲在青天水在瓶。

「雲在青天水在瓶」大約有兩層意思，一是說，雲在天空，水在瓶中，正如眼橫鼻直一樣，都是事物的本來面貌，沒有什麼特別的地方。你只要領會事物的本質、悟見自己本來面目，也就明白什麼是道了。二是說，瓶中之水，猶如人的心一樣，只要保持清淨不染，心就像水一樣清澈，不論裝在什麼瓶中，都能隨方就圓，有很強的適應能力，能剛能柔，能大能小，就像青天的白雲一樣，自由自在。

一念之轉

「雲在青天水在瓶」後來成為禪宗師傅們最愛拿來啟發學人的一句詩偈，其意是指，為人處世應該有一顆榮辱不驚、物我兩忘的平常心。

白雲漂浮在藍天，綠水奔流在大地，這是再平常、普通不過的情景了。但這種自然、恬淡和永恆所蘊藏的「平常心」所表達的人生智慧，是最值得我們品味的。有平常心的人，把事情看得最清楚，最透徹。因為通透了，所以才看得開。

20 上風何在，下風又何在

圓新禪師和仰山禪師坐在一起談話。說到了這樣一件事——

有一次，明慧禪師雲遊到志遠禪師那裡，志遠禪師看到明慧禪師，便把禪杖橫過去擋住門。明慧禪師用手敲打了禪杖三下，然後就在禪堂的首座位置坐下。志遠禪師見此情形，很不高興的說道：「凡是行腳雲遊的學僧，在謁見寺院禪主時，都要按照一定的參學規矩，行賓主之禮，你怎麼連這點基本的禮儀都不懂？」

明慧禪師誠懇的答道：「我不知道老禪師您在說什麼？我敲打禪杖三下，不是早就跟您行過禮了嗎？」

志遠禪師聽後，更加不悅，剛要開口，明慧禪師就動手用禪杖打志遠禪師。志遠禪師若有所悟，但明慧禪師卻又忽然說道：「我今天不方便！」

志遠禪師順手一掌打去，說：「我倒很方便！」

奇怪的是，明慧禪師挨了一掌，反而哈哈大笑道：「的確不錯！我們今天不方便遇到了方便！」

後來，圓新禪師就問仰山禪師道：「這兩位前輩的對話，到底哪一個佔了上風？」

仰山禪師回答道：「佔上風者上風，居下風者下風！」此話一出，旁邊的座主不以為然的說道：「佔上風者未必上風，居下風者也未必下風，上風何在？下風又何在？」

仰山禪師和圓新禪師不約而同的說道：「正如座主所說，無風起浪！」

一念之轉

「爭強好勝、好名好利是煩惱的根源。」上風也好，下風也罷，其實都是內心的作用。如果讓自己的心得到平靜，那就無所謂有風無風，上風下風了。有了一顆超脫的平常之心，是非不必分人我，彼此何須論短長！

聰明心 03

人為什麼會迷惑，因為真心沒了找不到家

編著　曹琬倩
出版者　大拓文化事業有限公司
執行編輯　洪千媚
封面設計　林鈺恆
內文排版　姚恩涵

總經銷　永續圖書有限公司
劃撥帳號　18669219
地址　22103 新北市汐止區大同路三段一九十四號九樓之一
TEL　(〇二)八六四七一三六六三
FAX　(〇二)八六四七一三六六〇
E-mail　yungjiuh@ms45.hinet.net
網址　www.foreverbooks.com.tw

CVS代理　美璟文化有限公司
TEL　(〇二)二七二三一九九六八
FAX　(〇二)二七二三一九六六八

法律顧問　方圓法律事務所　凃成樞律師

出版日◇二〇一八年七月

國家圖書館出版品預行編目資料

人為什麼會迷惑，因為真心沒了找不到家 / 曹琬倩編著. -- 初版. -- 新北市：大拓文化, 民107.07

面；　公分. -- (聰明心；3)

ISBN 978-986-411-074-2(平裝)

1.人生哲學 2.修身

191.9　　107007653

大大的享受拓展視野的好選擇

TALENT 大拓 Talent TooL TooL

永續圖書線上購物網

www.foreverbooks.com.tw

謝謝您購買 人為什麼會迷惑，因為真心沒了找不到家 這本書！

即日起，詳細填寫本卡各欄，對折免貼郵票寄回，我們每月將抽出一百名回函讀者寄出精美禮物，並享有生日當月購書優惠！

想知道更多更即時的消息，歡迎加入“永續圖書粉絲團”

您也可以利用以下傳真或是掃描圖檔寄回本公司信箱，謝謝。

傳真電話：（02）8647-3660　　信箱：yungjiuh@ms45.hinet.net

☺ 姓名：　　□男　□女　　□單身　□已婚

☺ 生日：　　□非會員　　□已是會員

☺ E-Mail：　　電話：（　）

☺ 地址：

☺ 學歷：□高中及以下　□專科或大學　□研究所以上　□其他

☺ 職業：□學生　□資訊　□製造　□行銷　□服務　□金融

□傳播　□公教　□軍警　□自由　□家管　□其他

☺ 您購買此書的原因：□書名　□作者　□內容　□封面　□其他

☺ 您購買此書地點：　　金額：

☺ 建議改進：□內容　□封面　□版面設計　□其他

您的建議：

廣 告 回 信
基隆郵局登記證
基隆廣字第 57 號

新北市汐止區大同路三段一九四號九樓之一

大拓文化事業有限公司收

請沿此虛線對折免貼郵票，以膠帶黏貼後寄回，謝謝！